헤어질
결심부터

홀로서기
까지

이혼할 때 필요한
마음, 돈, 관계에 대한 기술

헤 어 질
결 심 부 터

주세진 (이혼 전문 상담사) **지음**

홀 로 서 기
까　　　　지

유노
라이프
LIFE

후회 없는
홀로서기를 위한
현실적 조언

어린아이들은 블록놀이를 할 때, 자기 마음에 들 때까지 블록을 쌓고 부수기를 반복한다. 어떤 목적이 없어도 그 과정 자체를 즐긴다.

우리 인생도 블록놀이 같다. 잘못 끼워 맞춘 블록을 바로잡으려면 지금껏 해 온 것을 아까워하지 않고 헐어야 한다. 그리고 내가 원하는 모양으로 다시 쌓으면 된다. 시간과 노력이 더 걸릴 뿐, 바로잡을 수 없는 것은 아니다. 많은 사람들이 그 과정을 겁낸다. 해 보지 않았기 때문에 헐고 다시 짓는 일이 얼마나 걸릴지 모르기 때문이다. 다시 이만큼 쌓아 올리지 못할까 봐, 고치려고 하다가 영영 무너져 아무것도 없는 상태로 돌아갈까 봐 겁을 낸다. 그 블록이 '이혼'일 때 더욱 그렇다.

《창업가의 습관》저자 이상훈은 비즈니스에서 문제 해결이 안 되는 이유를 세 가지로 요약했다. 첫째는 제대로 된 문제 해결 '방법'을 찾지 못했을 때, 둘째는 알아낸 방법대로 '실행'하지 않았을 때, 셋째는 알아낸 방법을 실행할 '역량'이 부족했을 때이다. 그중 성과에 가장 미미한 영향을 끼치는 것은 '역량'이라고 말한다. 대부분 아직 제대로 된 방법을 찾지 못했거나 실행하지 않았기 때문에 문제 해결이 안 된다는 말이다.

이혼 전문 상담사로서 많은 사람들을 만난다. 상담하며 만나는 사람들은 '방법'이나 '실행'보다 자신의 '역량'이 부족하다고 생각하는 경향이 있다. 내 역량이나 능력을 탓하느라 제대로 된 문제 해결 방법을 찾고 실천에 옮기는 일에 집중하지 못하는 것이다.

이혼하고 내 삶을 정비하는 과정이 처음 겪는 일이라 겁이 나는 것이지, 능력이 부족한 것은 아니다. 사실 따지고 보면 사는 데에 그렇게 큰 능력이 필요하지 않다. 내가 가진 것을 표현하고, 능력을 발휘하고, 주변 사람과 소통하고, 약속한 것은 지키고, 하기 싫어도 해야 하는 일은 하고, 모르는 것이 있으면 찾아 배우면서, 절제하고 방탕하지 않게 생활하면 된다.

결국 나 자신이 가진 것은 부족하지 않다고 믿으며 '두려움'을 이겨 내야 문제는 해결된다. 잘못된 부분을 고쳐 가며 내가 원하는 모습으로 만들어 가는 과정이 우리의 인생이다.

손에 땀을 쥐게 하는 영화를 보다가 너무 몰입하면, 혼잣말로 '내가 왜 긴장했지? 어차피 주인공은 안 죽어, 다 잘 될 거야'라고 되뇌이곤 한다. 현실이 영화처럼 각본대로 흘러가지는 않지만, 우리는 마음껏 상상할 수 있다.

내 인생에 내가 주인공인 영화의 각본을 쓰자. 정해진 엔딩을 향해 연기하는 과정을 마음껏 즐기자. 해피엔딩이라는 결과를 향하는 과정을 충실히 즐기면 된다. 도중에 아무리 비극적인 과정이 있더라도 그것이 인생을 더 풍성하게 만들어 줄 것이다.

나는 지금까지 내담자가 배우자 외도를 해결하고 가정을 회복하는 것, 불가피한 이혼이라면 후유증이 남지 않도록 후회 없이 하게 돕는 것, 아이들과 행복을 되찾는 것을 목표로 상담해 왔다. 나 역시 이혼의 경험을 가지고 있기에 더욱 공감하고 그들의 입장에서 이야기를 들었다.

이혼하고 지금까지 내가 느껴 온 감정을 천천히 곱씹으며 이 책을 쓰다 보니, 이혼할 당시의 그 심정이 얼마나 바닥이었는지를 새삼 깨닫게 되었다. 바닥을 경험한 뒤에 내 인생의 목표를 크게 세웠고, 이혼 전문 상담사로서 많은 사람들을 만나게 되었다. 배우자의 외도 때문에 고통받는 사람들의 문제를 듣고 해결하는 데 도움을 주는 사람으로 살 줄 누가 알았겠는가.

이혼 때문에 나를 찾는 많은 사람들뿐만 아니라 결혼생활이 고민인 사람들이 이 책을 읽고 마음 연습과 현실적 조언을 삶에 접목해 편안한 인생을 살기를 바란다. 헤어질 결심을 했다면 그만한 이유가 있었을 것이니, 이제 홀로서기를 위한 여정을 준비하면 된다. 혹시나 이혼을 했다고, 반쪽짜리 가정이라는 자격지심에 위축된 사람에게는 더 큰 꿈을 꾸라고 응원하고 싶다.

나 역시 남편의 외도로 이혼을 겪으며 고통 속에서 홀로서기를 배웠다. 인생에서 큰 시련이었을지도 모를 경험이었지만, 이혼이 도리어 내 인생의 선물이라고 생각한다. 이 교훈을 다른 사람들과 나누며, 힘든 시기를 겪는 사람에게 나만큼 힘든 일을 겪지 않도록 알려 주고 싶다.

스위스 출신의 정신과 의사이자, 전 세계 호스피스 운동의 선구자인 엘리자베스 퀴블러 로스는 이런 말을 했다.

빛의 가장자리에서 미지의 어둠 속으로 발을 내디디려 할 때, 믿음이란 그 어둠 속에 발을 디딜 탄탄한 뭔가가 있거나 아니면 날 수 있게 될 것이라고 생각하는 것이다.

우리가 이혼이라는 미지의 어둠으로의 탐험을 시작할 때 필요한 것은 오직 나를 향한 믿음뿐이다. 이 책을 읽고 스스로에 대한 믿음을 다시금 되새기며 홀로서는 여정에 도움이 되기를 바란다.

이혼 전문 상담사

주세진

| 목차

1장.
사랑이 가고
헤어질 결심이
섰을 때

2장.

후회 없는
헤어짐을 위해
준비할 것들

3장.

소중한
나를 위한
홀로서기의 기술

4장.

감정은 짧고
인생은 길다

사랑 이
가 고
헤어질 결심이
섰 을 때

독박 육아:
아이를 돌보지
않는 배우자

영현 씨 남편은 연애할 때 성실하고 친절한 사람이었다. 영현 씨 부모님에게도 살갑게 대하고, 데이트할 때도 늘 영현 씨 기분을 살폈다. 영현 씨가 약속 시간에 늦어도 화내지 않았다. 고기를 먹을 때는 집게와 가위를 손에서 놓지 않고 쉴 새 없이 영현 씨 앞에 놓아 주었다. 영현 씨는 그의 상냥함과 배려심에 반했고, 어느 누구보다 가정적인 남편이리라 믿었다.

하지만 지금, 영현 씨는 남편에게 속았다고 생각한다. 남편은 영현 씨에게 통 관심이 없다. 퇴근하고 자기 방에 들어가면 함흥차사다. 새벽까지 게임을 하고 잠만 잘 뿐이다. '결혼생활이 왜 이렇지? 이 사람이 나를 사랑하기는 하나?'라는 의문과 함께 영현 씨는 외로웠다.

남녀가 사랑에 빠지는 경험은 정말 황홀하다. 자나 깨나 상대를 생각하고, 그 사람과 함께하는 순간이 영원하기를 바란다. 서로를 최고로 행복하게 만들고, 사랑하기 때문에 다투거나 싸울 일도 없다고 믿는다. 서로 다르고 안 맞는 부분이 있음을 알지만, 대화로 기꺼이 서로에게 맞춰야 한다고 생각한다. 사랑이라는 감정이 워낙 압도적이기 때문에, 불만이나 짜증이 느껴져도 쉬이 넘어갈 수 있다.

상대의 단점도 티끌처럼 작아 보인다. 사랑으로 결점을 덮어주고, 나아가 상대를 치유하고 책임질 수 있다고 생각한다. 그래야 진정한 사랑이고, 결혼으로 인해 마침내 사랑이 영원히 확정되리라고 믿는다. 하지만 불행하게도 사랑의 감정은 오래 지속되지 않는다. 불타는 감정은 고작해야 2~3년 유지된다.

왜 결혼생활이 힘들어졌을까

내 결혼생활도 마찬가지였다. 아이가 태어나고 우리 부부는 줄곧 각방을 썼다. 남편은 출근해야 한다는 핑계로 혼자 조용히 자기를 원했다. 아이 돌보기는 24시간 내 차지였다. 나는 소위 '독박 육아 맘'이었다.

'독박 육아'를 검색하면 연관 검색어로 '독박 육아 이혼'이 나온다. 그만큼 독박 육아 때문에 남편과 감정이 상하고 이혼까지 생각하는 엄마들이 많다는 뜻이다. 둘이 결혼해서 아이를 0.8명 (2021년 합계 출산율)을 낳는다는 요즘도, 남자는 육아를 '도와준다' 는 인식이 존재하고, 육아에는 어디까지나 주변인으로 머무는 일이 만연하다.

독박 육아를 남편만의 탓이라고만 할 수는 없다. 아빠들도 육아 휴직이나 육아기 단축 근로를 눈치 보지 않고 쓸 수 있고, 야근을 줄이는 기업 문화가 사회 제도적으로 있어야 한다. 그렇게 아빠의 육아 참여를 장려해야 한다.

아무튼 나는 혼자 육아를 하며 아이들을 위해 많은 것을 포기했는데 남편은 그것을 모르거나, 알면서도 외면하는 듯했다. 남편에게 매일같이 실망을 거듭하는 동안 내 마음이 닫히는 것이 느껴졌다.

남편이 더 이상 나를 사랑하지 않는다는 생각이 들었다. 더 이상 남편에게 기대도 실망도 하고 싶지 않았다. 그리고 결심했다.

"나도 반드시 내 인생을 찾을 거야. 이게 내 인생의 전부는 아닐 거야."

육아할 때 배우자에게 바라는 것

육아는 육체노동이자 감정노동이다. 아이들이 자라는 모습을 보는 행복도 있지만, 아이가 주는 기쁨만을 연료 삼아 달리기에는 에너지가 부족하다. 육아 스트레스를 풀고 싶어도, 24시간 아이와 붙어 있는 엄마라면 시간과 방법이 마땅치가 않다. 육아 스트레스와 에너지 방전으로 녹초가 된다.

나와 상담하는 아내들이 남편에게 가진 불만은 대부분 이러하다.

"회사 일은 어쩔 수 없지만 갓난아기 키우면서 남편 퇴근할 때만 바라보는 저를 생각하면 친구들과의 모임은 당분간 안 가야 한다고 생각해요."

"주말에 3시간만 아이를 봐 달라고 했는데, 남편이 힘들다며 거절했어요."

충분히 들어줄 만한 요구 사항이 거절당해서 생긴 불만이었다. 아내가 바라는 것은 대단하지 않다. 결국, 공감과 배려다. 남편이 아내에게 '수고한다, 고생한다'라는 말 한마디를 하면 아내는 남편이 자신을 인정한다고 느낀다. 24시간 육아로 고생하는 아내를 위해 주말에는 늦잠을 잘 수 있도록 배려하면 애정이 느껴질 것이다. 아내가 무엇을 원하는지 관심을 갖고 귀 기울여 듣고 공감하면 아내의 억울하고 외로운 마음도 사라질 것이다.

미현 씨도 독박 육아를 해서 힘들어 했다. 남편과 같은 교육을 받고 사랑해서 결혼까지 했는데 갑자기 아이를 낳고 나니 남편이 다르게 느껴졌다고 한다. 남편은 아내의 역할, 남편의 역할을 나누어 한정짓는 가부장적인 모습을 보였다. 미현 씨는 당연히 남편을 이해할 수가 없었다.

미현 씨 남편은 밖에서 자신이 돈을 벌어 오니 집에 오면 쉬어야 한다며 미현 씨의 24시간 돌봄 노동을 당연시 여겼다. 그렇다고 미현 씨가 밖에서 일하는 것도 원하지 않았다. 미현 씨는 싸워도 보고 설득하려고 노력도 해 봤지만, 남편의 태도가 바뀌지 않아서 결국 포기했다. 점점 남편을 사랑하는 마음이 사라졌다.

미현 씨는 엄마이기 때문에 아이가 불안해할까 봐, 남편과 사이가 좋지 않으면 결국 아이에게 불행한 가정 환경이 될까 봐 참았다. 남편이 원하는 대로 따랐지만 '아이 키워 놓고 보자'라며 이를 갈았다. 그러다 결국 감정의 골만 깊어져서 나를 찾아왔다.

독박 육아도 이혼 사유가 될까?

외도, 도박, 폭력 같은 중대한 사유가 아닌데 독박 육아를 이유로 이혼이 가능할까? 가능하다.

민법 제840조는 재판상 이혼 사유로 여섯 가지를 규정한다.

① 배우자에 부정한 행위가 있었을 때
② 배우자가 악의로 다른 일방을 유기한 때
③ 배우자 또는 그 직계존속으로부터 심히 부당한 대우를 받았을 때
④ 자기의 직계존속이 배우자로부터 심히 부당한 대우를 받았을 때
⑤ 배우자의 생사가 3년 이상 분명하지 아니한 때
⑥ 기타 혼인을 계속하기 어려운 중대한 사유가 있을 때

그중 독박 육아는 '배우자에게 부당한 대우를 받았을 때', '혼인을 계속하기 어려운 중대한 사유가 있을 때'에 해당한다.

독박 육아를 이유로 이혼할 때 주의해야 할 점이 있다. '너도 한번 당해 봐라' 하는 마음으로 아이를 놓고 혼자 집을 나가면

안 된다. 배우자가 전전긍긍하며 "제발 돌아와, 내가 잘못했어. 아이 키우는 일이 이렇게 힘들 줄 몰랐어. 당신이 힘들었다는 사실을 이제 알았어"라며 빌길 바라지만, 그렇지 않은 경우가 더 많다.

아이에게 무관심하고 기저귀 한 번 안 갈던 사람이 오히려 양육권을 주장하며 나온다. 정말 아이를 키울 생각이 있든 없든, 상대에게 고통을 주고 재산 분할과 양육비 협상에서 우위를 점하기 위해 아이를 이용하는 사람이 생각보다 많다.

이혼할 생각은 없이 단지 남편의 버릇을 고치려고 아이를 두고 가출했는데, 남편이 오히려 '애 버린 엄마' 취급을 하며 집에 돌아오지 못하게 하고 이혼을 진행해서 소송 기간 동안 아이도 못 만나고 양육권을 빼앗긴 사례도 보았다.

이혼한다고 문제가 해결되지 않는다. 이혼하고 아이를 혼자 키우게 되면, 독박 육아에 '독박 생계'까지 짊어져야 한다. 아이에게 관심 없던 아빠가 양육비를 많이, 꼬박꼬박 잘 주리라고 생각하지 않는 편이 좋다. 경제적인 여건이 갖추어질 때 이혼을 해야 생활이 더 어려워지는 길을 막을 수 있다. 그리고 육아가 힘든 시기는 생각보다 그리 오래 가지 않는다는 것을 꼭 기억하자.

다만, 남편이 성 역할을 강요하고 내가 통제당하고 행복하지 않다고 느낀다면, 정서적 폭력일 수 있음을 인지하고 남편과 나의 관계를 재정립할 필요가 있다.

홀로서기 TIP ─────────────────────────────────────

가사나 육아에 참여하지 않는 남편 때문에 헤어지기로 결심했다면, 민법 제840조(재판상 이혼원인)에 의거해 이혼을 준비할 수 있다.
그렇지 않고 단순히 지금 몸과 마음이 지친 상태라면, 남편과 관계를 재정립하는 노력으로 극복해 보기를 권한다.

성 갈등:
상대를 원하거나
원하지 않거나

연경 씨가 주방에서 설거지하는데 남편이 뒤에서 그녀의 허리를 껴안았다. 그 순간 그녀는 깊은 한숨을 쉬며 닦던 그릇을 싱크대에 내려놓았다. 남편은 이제 그녀의 거절에 진저리가 난다는 표정을 지었다.

"그냥 안은 것뿐인데 그렇게 거부반응을 보이면 어떻게 해?"
"온종일 아이 보느라 종종거리고 식사 준비하다, 이제 겨우 좀 쉬는가 싶다가 또 설거지하는 거 안 보여? 집안일은 하나도 안 하면서 요구하니까 그렇지!"

연경 씨는 이렇게 받아쳤다. 그랬더니 남편이 이렇게 말했다.

"그걸 하자는 게 아니잖아. 내 마누라한테 이런 스킨십도 하지 못해? 자연스럽게 스킨십을 해야 애정도 쌓이지."

많은 아내들이 남편과 성적인 갈등을 겪는다. 어떤 아내는 남편의 넘치는 성욕 때문에 힘들어 하고, 어떤 아내는 남편이 소위 '무성욕자'라서 고민한다. 이런 아내들의 고민을 듣자 하면, 부부간 성욕 차이로 인한 갈등을 예방하기 위해 국가 차원에서 부부교육을 만들어야 하는 것이 아닌가 싶은 생각마저 든다.

특히 아이가 어릴 때 성관계 갈등을 많이 겪는다. 육아기의 여자는 자연적으로 성욕이 떨어진다. 갱년기 여성이 폐경이 되고 생산 능력이 없어지듯, 아이가 어려 양육에 집중해야 할 때에는 자연스레 성욕이 낮아진다. 이는 당연한 호르몬의 변화이고, 인류 진화의 산물이다.

그리고 아내와 남편의 성관계 갈등은 꼭 성욕 때문만은 아니다. 욕구의 불일치보다는 공감과 배려의 문제일 때가 많다.

진화나 호르몬을 운운하지 않더라도, 하루 종일 아이와 부대끼다 보면 '누가 날 좀 건들지 않았으면 좋겠다'라는 생각이 든다. 당장 아이 키우느라 밥도 못 먹고 잠도 못 자고 화장실도 가고 싶을 때 못 가는데 성욕이 안 생기는 마음은 당연하다.

애정 불만족 부부

많은 아내들이 '남편이 하루 종일 나에게 관심도 없다가 밤에 잠자리를 원해서 너무 싫다'라고 말한다. 아내는 남편과의 성관계가 싫은 것이 아니라 감정적인 사랑을 갈망한다. 하루 종일 남편과 아이들 뒤치다꺼리하고 밤이 되어서야 한숨 돌리는 아내라면, 밤에만 들이대는 남편이 원망스럽다.

아내는 남편의 잠자리 요구를 거절하고, 거절당한 남편은 자존심이 상한다. 아내는 남편의 이기적이고 무관심한 모습에 실망하여 남편과의 섹스를 거부하고, 남편은 자존심이 상해 아내에게 등을 돌린다. 그렇게 '섹스리스'가 된다.

남편과 싸우기 싫어서 싫은데도 참고 관계에 응하는 아내들도 많다. '그래도 일주일에 한 번 그것만 해 주면 좋게 넘어가니까'라고 의무적으로 섹스를 한다. 의무적으로 하는 행위가 즐거울 리 없다.

연경 씨는 남편을 향한 실망감과 외로움이 커질수록 결혼생활을 유지하는 방편으로 아이에게 매달렸다. 아이만이 불행한 결혼생활에 정당성을 부여해 주었다. 아이를 잘 키우는 목표로 매일의 삶을 살아갔다.

연경 씨는 '아, 이래서 부부가 아이만 보고 산다고 하는구나'라며 여자로서는 뭔가 아쉽고 때론 비참했지만, 그렇게 자신을 다독이면서 지냈다. 그러다가 문제가 생겼다.

남편의 휴대전화를 우연히 보다가, 남편이 채팅 어플로 여자를 만나려고 한 정황을 발견한 것이다. 연경 씨는 엄청나게 놀랐고, 남편이 다른 여자를 만나려고 한다는 사실에 질투와 위기감을 느꼈다.

모든 사람에게는 기본적인 정서적 욕구가 있다. 누군가에게 소속되고 필요한 사람이라고 느끼게 하는 사랑과 애정의 욕구이다. 부부는 서로를 통해 이런 정서적 욕구를 충족시키고 애착을 다시금 경험한다. 만약 부부 사이에 애착이 잘 형성되지 않으면, 둘 중 한 사람 이상이 다른 사람에게 정서적 욕구를 충족받으려고 할 수 있다.

남자에게 섹스는 큰 의미를 가진다. 단지 성욕을 해소하는 것뿐만 아니라 사랑과 애정의 욕구를 충족시키는 수단이다. 남편은 섹스라는 행위로 아내의 사랑을 확인하고 자존감을 느낀다. 내 여자를 만족시켰다는 자존감이 다른 활동의 원천이 된다. 성욕이 해결되면 너그러워지고 아내가 원하는 바를 들어줄 여유가 생긴다.

반면, 여자는 감정적 친밀함이 없으면 성욕도 일어나지 않는다. 여성의 성욕은 사랑에 대한 감정적 욕구와 깊이 연관되어 있다. 남편이 나를 사랑한다고 느껴야 성욕이 생긴다.

여기서 맞물리지 않은 톱니바퀴처럼 어긋남이 생긴다. 내가 바라는 것을 요구하기 이전에 상대가 원하는 것, 상대가 중요하게 여기는 것을 먼저 충족시켜 주는 것이 결혼생활을 위한 노력이다. 남편이 내 인생에서 차지하는 의미가 커서, 결혼생활을 유지하고 싶다면 먼저 사랑의 행위를 하기로 선택해 보자.

《5가지 사랑의 언어》저자 게리 채프먼은 이렇게 말했다.

"우리를 미워하는 사람에게 따뜻한 감정이 없는 것은 당연합니다. 따뜻한 감정을 갖는다는 것이 비정상이죠. 그러나 그들을 위해 사랑의 행위를 할 수는 있습니다. 단지 선택하는 것입니다. 그러한 사랑의 행동은 그들의 태도나 행동이나 처신에 상당히 긍정적 영향을 미칠 것입니다."

연경 씨는 남편이 진짜로 바람을 피우기 전에 남편에게 조금 더 마음을 열기로 다짐했다. 아직은 그녀에게 남편이 소중한 존재였다.

성 갈등으로 이혼 소송을 할 경우, 법원은 부부의 성관계 유무를 부부 관계 유지의 중요한 기준으로 본다. 부부 중 일방이 성관계를 거부했다면 성관계를 할 수 없었던 정당한 사유가 있는지, 극복하기 위해 노력은 했는지를 볼 것이다. 또 한 사람이 일방적으로 성관계를 강압적이거나 폭력적으로 강요하지는 않았는지 여부 등을 종합적으로 판단해 판결을 내린다. 성 갈등으로 헤어질 시, 충분한 이유와 증거를 확보하도록 하자.

혼인관계 유지를 원한다면 일방적인 관계 강요나 기피는 이혼 사유가 될 수 있음을 인지하여야 한다. 부부 사이 성 갈등은 묵과할 수 없는 중요한 문제이며, 극복하기 위한 노력이 필요하다.

나르시시스트:
내가 사라지는
느낌을 받는다면

나르시시스트(자기애성 성격장애)는 인구 중 1퍼센트 정도라고 한다. 모든 성격장애가 그렇듯이, 나르시시스트 본인보다 주변 사람들이 고통을 받는다. 나르시시스트의 특징은 과장성, 칭찬과 인정에 대한 과도한 욕구, 공감 능력의 결여 등이 있다.

나르시시스트들 중 상당수는 어린 시절에 부모의 방임과 학대를 경험했고, 그로 인해 낮은 자존감을 지니고 있다. 정서적으로 취약하기 때문에 반대로 자신이 다른 사람의 도움이 필요하다는 사실을 받아들이지 못하고, 타인과 인격적인 관계를 맺거나 친밀감을 형성하는 데 어려움이 있다. 타인을 자신의 야망과 목표를 이루는 데 필요한 수단으로만 취급한다.

그들은 배우자를 고를 때도 자신의 야망을 만족시킬 수단으로 간주하고, 결혼생활에서 이익을 얻는 데에만 관심을 둔다. 자신을 뒷받침할 취약한 사람을 골라 착취한다. 자신이 가진 불안과 자격지심을 결혼 상대에게서 만족하려는 것이다.

나르시시스트가 남자일 때, 자신의 아내를 순수하고, 사회생활이나 이성 관계 경험이 적으며, 다른 사람을 잘 믿고 따르는 순진한 성격을 고르는 경우가 많다. 연애할 때는 나르시시스트의 본모습을 알 수가 없다. 배려심 깊은 척 연기하기 때문이다.

그들은 손상된 자존감을 자신의 능력이나 성공을 과장함으로서 보상받으려 하고, 타인에게 끊임없는 찬사를 바란다. 가족에게조차 자신의 거짓된 내면을 숨기기에 급급하며, 자신의 실수나 잘못을 절대 인정하지 않는다.

이들은 감정이입을 못하고, 오직 자기 자신에게만 신경을 쓰기 때문에 타인의 감정이나 요구를 인정하거나 확인하려 들지 않는다. 오직 타인의 인정을 받는 일에만 관심이 있다. 진실한 소통, 타인의 권리와 욕구를 인정하는 것, 자신의 잘못을 받아들이는 것 모두가 나르시시스트의 낮은 자존감을 자극해 견딜 수 없게 만든다. 배우자는 물론 자녀와도 감정적인 교류를 하지 않음은 물론이다.

베일러 의과대학 교수인 스튜어트 C. 유도프스키는 그의 저서 《치명적 결함》에서 한쪽이 나르시시스트인 부부의 일반적인 패턴에 대해 아래와 같이 기술했다.

A. 결혼 전 교제 단계

배우자가 될 사람에 대한 배려와 관심이 넘친다. 배우자가 될 사람을 이상화한다. 독특하고 매력적인 방식으로 자신이 이룬 성취에 대해서 과장하고 거짓말을 한다. 결혼할 사람의 가족이나 친한 친구들에게 잘 보이기 위해 지나칠 정도로 노력한다.

B. 결혼생활 단계

점점 배우자와 그 가족을 비하하고 비판적으로 대하기 시작한다. 자녀나 타인의 관심을 끌고 그들로부터 존경받기 위해 배우자와 경쟁하기 시작한다. 배우자가 자신의 의견과 다른 내용들을 이야기하거나 독자적으로 결정하려 하면 분노와 경멸을 통해서 자신이 원하는 대로 조종하려 한다.

점점 더 배우자와 정서적으로 멀어진다. 결혼에 대한 책임을 회피하고 공정하고 합리적으로 실제적인 가정의 일을 분담하는 것을 거부한다.

결혼생활 이외의 비밀스럽고 부정직하며 도덕적으로 부적절한 관계를 추구한다. 감정적으로 혹은 신체적으로 배우자를 학대한다.

C. 파경에 이르는 단계

배우자가 그들의 과장이나 거짓말을 지적하거나 공격하면 격분하고 학대하기도 한다. 두 사람 사이의 관계나 결혼생활에서 생기는 모든 문제에 대해 배우자 탓을 하며 비난한다. 거짓말과 사실 왜곡을 통해 배우자와 다른 가족들과의 관계를 갈라놓게 된다.

배우자와의 관계에서 의존하며 해결해야 할 부분을 가족이나 다른 사람들을 통해서 해결한다. 부부의 자산에 대해 자신이 모든 것을 결정할 수 있다고 주장한다. 부부의 자산을 협박, 강압, 사실 왜곡을 통해 독점하려 한다.

바보가 된 기분이었다

수진 씨는 하고 싶은 것, 배우고 싶은 것, 가고 싶은 곳도 많은 사람이었다. 하지만 결혼하고 엄마가 되니 제약이 많았다. '아이가 좀 크면 내 인생을 살 수 있을까?'라고 버티며 살았다.

그러다 아는 언니가 운영하는 카페에서 아르바이트 할 기회를 얻었다. 수진 씨는 기뻐서 남편에게 이야기했지만 남편은 화를 냈다. 수진 씨가 밖에 나가서 돈을 버는 일보다 집에서 아이들을 잘 키우는 일이 더 가치 있다며, 수진 씨가 집에 있기를 바랐다.

"네가 내조를 잘하면 나는 크게 성공할 수 있어. 어차피 넌 사회생활에 야망도 없잖아. 네가 나에게 잘하는 게 우리 아이들을 위해서도 좋은 거야."

수진 씨는 자신이 하려는 일은 푼돈이니 남편의 내조가 우선이라고 생각했다. 수진 씨가 전업주부가 되면 '경제권'을 준다며 카드 한 장을 줬다. 수진 씨가 사용하는 모든 내역이 남편에게 문자로 전송되었다. 남편은 수진 씨가 돈을 헤프게 쓴다고 말했다. 수진 씨는 남편에게 눈치가 보여 커피 한 잔도 마음 편히 사 먹지 못했다.

수진 씨는 남편에게 맞추려고 노력했지만, 노력할수록 더 그가 짜놓은 프레임에 갇히는 느낌을 받았다. 남편은 수진 씨가 항상 부족하고 허점투성이라고 타박했다. 수진 씨는 자신이 어떤 사람인지 스스로조차도 헷갈렸다.

'남편이 나에 대해 이야기하는 것이 진짜 내 모습일까?'

혼자 바보가 된 것 같은 기분을 느끼는 것 말고는 할 수 있는 게 없었다.

정신건강의학과 병원 진료를 받아야 할 환자는 병원에 오지 않고, 오직 피해자만 병원에 넘쳐난다는 우스개소리가 있다. 나르시시스트도 '당연히' 정신과 치료를 거부한다.

　"내가 무슨 문제가 있어? 당신이 문제지. 비정상적인 당신이 나 가서 치료 받아."

　그들은 자신들의 진정한 내면이나 낮은 자존감과 대면하는 것을 원치 않기 때문에 진정성 있는 모든 관계를 회피하며 치료를 거부한다. 아내가 남편의 내면을 파악하고 스스로 깨우치도록 도와주려 해도 절대 자신의 취약함을 인정하지 않기 때문에, 남편에게 측은지심을 가지고 도와주려는 아내는 더욱 남편에게 정서적으로 착취당하고 종속될 뿐이다.

　이렇게 변화를 거부하는 나르시시스트 남편과 관계를 이어갈수록 아내는 너무나 많은 좌절과 고통을 겪게 된다. 그들이 배우자를 착취하는 수법을 인지하고 피하는 것이 피해를 최소화하는 방법이다.

　상담실을 찾아온 40대 초반 미영 씨는 이렇게 말했다.

　"남편이 저를 못마땅해 하면, 그 이유가 제 탓이라고 생각했어요. 남편 앞에서는 위축되고 눈치 보며 그의 기분을 살피게 되었어요. 마치 살얼음을 걷는 듯했어요. 남편 말대로 제가 예민하고 생각이 짧은 사람인지 늘 생각했어요. 사회에서 인정받고 똑똑한 남편이 그렇게 이야기하니 그런가 보다 했죠. 어떻게 하면 남편 마음에 들 수 있을지 항상 고민했어요."

　남편이 이렇게 행동하면 아내는 혼란과 좌절감을 느낀다. 계속 변명하고, 사과하고, 남편의 비난을 그대로 수용하는 관계가 되면, 아내는 자신에 대한 남편의 부정적인 견해를 그대로 수용해 자기 자신을 잃게 된다. 바로, 가스라이팅이다.

　가스라이팅은 상대방이 스스로를 의심하고 판단력을 잃도록 상황을 조작하여 자신의 지배력과 영향력을 강화시키는 심리 조종술이다. 가스라이팅을 하는 가해자는 상대를 조롱하거나 모욕감을 주고 분노를 폭발하거나 떠나겠다, 이혼하겠다고 위협하는 난폭한 방식으로 겁주기도 한다. 더 은밀하고 교묘한 방식으로 상대에게 불안을 주어 점점 더 종속되게 만든다.

비정상적인 관계 속 정서 학대

　가스라이팅은 단순한 정서 학대가 아니라 가해자와 피해자가 함께 만들어낸 비정상적인 관계다. 가해자의 조종 행위만으로는 가스라이팅이 이루어지지 않는다. 손바닥도 마주쳐야 소리가 나듯이, 피해자의 역할도 분명히 있다.

피해자는 자신이 보여 주고 싶은 모습만 가해자가 봐 주기를 바라고, 그의 인정을 얻으려고 애쓴다. 자신과 가해자의 생각이 다름을 견디지 못한다. 또 가해자를 이상화하거나 그의 인정이나 사랑, 관심, 보호를 받기 원하고, 어떤 대가를 치르더라도 그와의 관계를 유지하려고 한다. 그 결과 가해자가 자신의 생각이나 행동에 영향력을 행사하도록 허용한다.

결국 피해자는 자신의 행동과 외부의 자극을 사실과 다르게 기억하거나 자신이 오해한다고 믿는다. 스스로의 현실감과 판단력을 믿지 못해 취약하고 혼란스러운 상태가 된다.

아래 항목은 '가스라이팅'을 최초로 규정한 로빈 스턴 저, 《그것은 사랑이 아니다》에 나온 내용을 요약, 수정한 것이다.

• 왜 그런지는 모르겠지만 결국은 항상 그의 방식대로 일이 진행된다.
• "너는 너무 예민해", "나 말고는 그 누구도 너를 참을 수 없을 거야", "이게 바로 네 부모가 너를 무시하는 이유야", "나는 그런 이야기한 적 없어. 아마 너 혼자 상상한 것이겠지"와 같은

말을 한다.

- 그의 행동에 대해 주변 사람들에게 자주 변명을 한다.
- 그를 만나기 전에 그날 잘못한 일은 없는지 머릿속으로 점검한다.
- 그가 윽박지르는 것을 피하기 위해 거짓말을 한다.
- 그를 알기 전의 나는 훨씬 자신감 있고 삶을 즐기는 사람이었다는 생각이 든다.

가스라이팅에서 벗어나려면 어떻게 해야 할까? 가스라이팅에서 벗어나는 첫 단계는 상대방과의 관계에서 나의 역할이 무엇인지 깨닫는 것이다. 상대를 이상화하고 그에게 인정, 사랑, 관심, 보호받기를 원하는 나의 욕구와 환상을 먼저 이해하고, 가해자의 장단에 맞춰 춤추기를 멈춰야 한다.

나 자신이 남편의 인정을 받을 필요 없이, 이미 괜찮은 사람임을 스스로 이해하면 된다. 남편이 나에 대해 어떻게 생각하든 나는 사랑받을 자격이 있는 여자라는 자아정체감을 갖는 것이다. 나를 궁지에 몰아넣기 위한 남편의 비난과 완벽에 대한 요구, 왜곡된 언행을 용기 있게 부정하고 나의 현실감과 판단력을 고수해야 한다. 내가 내 감각과 생각하는 능력을 믿으면 남편의 허락과 확인이 필요하지 않게 된다. 아내가 가스라이팅을 하는 반대의 경우도 마찬가지이다.

배우자와 의견이 다르다고 불편해하거나 걱정하지 말자. 부부라고 해서 꼭 완전히 이해하고 무조건적으로 수용해야 하는 것은 아니다. 자신의 견해를 포기하고 상대에게 동조하거나, 가해자를 설득하려고 논쟁하거나, 감정에 호소하는 것은 가해자에게 더 힘을 실어주는 꼴이다.

사랑하는 부부라 할지라도 생각과 느낌이 다를 수 있음을 인정해야 가스라이팅에서 벗어날 수 있다. 상대방의 생각보다는 자신의 생각에 더 중점을 두고, 언쟁에서 벗어나 그의 영향력 행사를 차단할 힘을 되찾아야 한다. 아래와 같은 방법을 써 보자.

① 배우자가 가스라이팅을 시작하면 대화를 중단하고 자리를 뜨라.
② 스스로 깎아내리거나 함부로 사과하지 말라.
③ 내가 옳다는 것을 상대에게 증명하지 말라. 상대의 생각을 고치려고 시도하지 말라.
④ 인정이나 사랑을 구걸하거나, 상대의 마음을 확인하려 들지 말라.
⑤ 배우자에게 감정을 공유하며 위로받으려 하지 말고 스스로 진정시키라.

상대를 다른 태도로 대하는 것만으로 관계를 바로잡기는 힘들다. 상대도 바뀌어야 이 악순환의 고리를 끊을 수 있다. 상대가 나의 견해를 이해하고 존중할 수 있는 사람인지, 가끔이라도 내 기분과 요구를 자신의 것보다 우선적으로 생각하는지, 상처받은 나의 마음을 이해하고 자신의 행동을 바꾸려고 노력하는지 생각해 보자.

아내도, 남편도 이 악순환의 고리를 끊으려는 의지와 노력이 부족하다면, 나 자신을 완전히 잃기 전에 이 학대 관계에서 벗어나는 것도 생각해 보자.

홀로서기 TIP ────────────────

나르시시스트를 대처하는 방법은 그들에게 휘둘리지 않는 것이다. 틈을 보이는 순간 그들의 먹잇감이 되기 쉽다. 나르시시스트는 절대 바뀌지 않으니, 냉정하게 높은 자존감을 가지고 그들을 대하는 법을 연습할 필요가 있다.

가스라이팅에 대처하기 위해서는 불안한 마음을 다스리고, 자신을 돌아보는 연습이 필요하다. 내가 원하는 것, 상대에게 의존하지 않고 스스로 해나가는 주체적인 태도가 관계의 종속에서 벗어나게 할 것이다.

아스퍼거 증후군:
공감 능력 결여,
불통의 아이콘

    지현 씨는 서른다섯 살에 엄마의 성화에 못 이겨 맞선을 보았다. 선 자리에 나온 남자들은 무언가 하나씩 흠이 있어 보이는 남자들이었고, 지현 씨의 눈에 차지 않았다.

    네 번째 선에서 만난 민수는 나이에 비하면 동안으로 보이는 외모에 말수가 적고 수줍은 인상이었다. IT 업계에서 일한다는 그는 약간은 '샌님'같고 순박한 느낌이었다.

    지현 씨는 민수가 다른 남자와 달리 거들먹거리거나 자기자랑을 하지 않는 점이 마음에 들었다. 그는 조용히 눈 맞춤을 하고 웃음을 지으며 지현 씨의 말을 들어주었지만, 자기의 학창시절, 군 생활과 같은 과거나 주변에 대해 물어보면 '별다른 거 없다'라며 얼버무렸다.

한편, 민수는 자기 일에 대한 이야기를 할 때는 신나서 열심히 이야기했다. 지현 씨는 민수의 이야기에는 흥미를 못 느꼈지만, 자신의 분야를 열심히 이야기하는 모습을 보면서 민수가 머리가 좋고 묵묵히 일하는 성실한 사람이라고 생각했다.

민수는 데이트를 할 때 가끔 엉뚱하고 당황해하는 모습을 보였다. 그때마다 지현 씨는 '순수하구나, 공부만 해서 숫기가 없구나'라고 생각하며, 요즘 말로 '뚝딱거리는' 민수가 귀엽게 느껴졌다. 한편으로는 가부장적이고 가족들을 모두 좌지우지했던 아버지와 달리, 민수가 자기 말을 잘 들을 것 같아 결혼 상대로 적합하다고 생각했다. 그들은 연애 6개월 끝에 결혼했다.

결혼하고 아이가 생기기 전까지는 그럭저럭 행복했다. 그러다 지현 씨가 출산을 앞둔 어느 날, 갑자기 양수가 흘러나왔다. 당황한 지현 씨 옆에 있던 민수는 어쩔 줄을 몰라 하며 멀뚱멀뚱 서 있었다. 지현 씨는 서둘러 수건으로 조치를 취하고 119에 전화를 걸고, 기다리며 병원과 통화했다. 병원에 가서도 민수는 꿔다 놓은 보릿자루처럼 가만히 서 있었다. 병원 수속부터 가족에게 연락하기 등 모든 일은 지현 씨 몫이었다.

그날 밤, 민수는 입원실에 누워 촉진제를 맞으며 진통을 기다리는 지현 씨에게 이렇게 말했다.

"나 내일 출근해야 하니까 집에 가서 잘게."

"이 상황에 나만 두고 집에 간다니 말이 돼?"

지현 씨가 황당해하며 물었다. 돌아오는 대답은 더 황당했다.

"어차피 내가 있어 봐야 할 수 있는 게 없잖아."

아이를 키우면서도 민수는 자기와 상관없는 일인 양 행동했다. 가사를 돕고 아이 양육을 함께하는 것이 아니라, 오히려 민수가 저지른 일을 지현 씨 홀로 수습하고 있었다. 아이를 키우고 살림을 하면서 생기는 돌발 상황에서 민수는 짜증이나 화를 낼 뿐, 적극적으로 대처하지 않았다. 그리고 모든 상황에 대해 지현 씨 탓을 했다.

서로 힘이 되고, 지칠 땐 위로하고, 힘을 합쳐 어려움을 극복하는 부부관계를 꿈꾸던 지현 씨의 결혼생활은 기대했던 모습과 한참 멀리 떨어져 있었다. 오히려 정반대였다.

지현 씨는 민수를 이해하기 위해 부단히 노력했다. 민수가 부부 상담을 거부했기 때문에 혼자 심리 상담을 받으며 남편 때문에 받는 고통을 치유하려 애썼다. 그 과정에서 남편이 '아스퍼거 증후군'일 수도 있다는 의견을 들었다.

아스퍼거 증후군은 정형인과 장애의 경계선에 있기 때문에 진단 내리기도 까다롭고, 아주 가까운 사람 아니고는 알아차리기도 힘들다. 감정소통이 잘 되지 않고 특이해서 '저 사람은 아스퍼거 증후군이다'라고 단정짓고 편견을 가져서도 안 될 것이다. 아스퍼거 증후군이 의심된다면, 정신건강전문의의 면담과 정밀한 검사를 통해 의학적인 진단을 받아야 한다.

아스퍼거 증후군의 특징

자폐 스펙트럼 장애 중에서도 지적능력과 언어능력이 저하되지 않은 경미한 자폐를 아스퍼거 증후군이라고 한다. 이들의 공통된 특징은 다음과 같다.

첫째, 의사소통을 하거나 서로 협력하는 것에 어려움을 보인다.

자기 혼자 하는 일, 기계나 숫자를 다루는 일에는 성과를 나타낼 수 있지만, 타인과 상호작용하는 일에는 어려움을 보인다. '역지사지', 즉 상대의 입장으로 바꾸어 생각하기가 잘 안 된다. 직장에서는 은근한 따돌림을 당하거나 겉도는 모습이기 쉽다.

둘째, 상대방의 기분에 공감하지 못하고, 언어의 이면에 담긴 사회적 의미를 이해하지 못한다.

어떤 아내는 나와 상담하며 이렇게 호소했다.

"여러 사람이 모인 자리에서도 뚱한 표정으로 입을 꾹 다물고 있다가, 상황에 안 맞는 말을 툭 던져서 분위기를 싸하게 만들어요. 이런 사람이 제 남편이라니 부끄럽고, 도저히 뭐가 문제인지 모르겠어요. 가르치거나 시간이 지난다고 고쳐지지 않잖아요."

공감은 상대의 처지나 역할을 이해할 수 있는 인지능력인데, 아스퍼거는 일부러 상대를 골탕 먹이려는 것이 아니라, 공감하는 능력과 감정 인지 능력이 부족한 것이다. 이들은 '상대가 어떻게 느끼고 생각할까?'보다 '그 사실이 옳은가, 그른가, 진리인가, 아닌가?'와 같은 원칙이 더 중요하다.

셋째, 같은 일을 반복하기 좋아하고 흥미를 느끼는 범위가 좁으며, 고집이 세다.

예상 밖의 일이나 익숙하지 않은 상황이 벌어지면 유연하게 대처하지 못하고 고장나 버린다. 자기가 익숙한 패턴에서 벗어나면 혼란스러워하며 짜증을 내거나 분노한다. 규칙이나 정확함에 집착하고, 자신의 방식이나 규칙 외에는 받아들이지 못한다.

넷째, 감각기관이 지나치게 예민하거나 둔감하고, 호불호가 분명하며, 집착을 보이기도 한다.

다른 사람들에게는 전혀 신경이 쓰이지 않는 소리나 냄새에 매우 고통스러워하거나, 촉감이나 온도에 예민한 경우도 있다.

다섯째, 멀티태스킹이 안 되고, 다른 사람의 말을 건성으로 듣는다.

다른 것에 집중하고 있을 때에는 주변에서 하는 이야기나 상황을 파악하지 못한다. 한 귀로 듣고 한 귀로 흘리는 것이다. 아내가 하는 말을 듣는 듯 보이지만 이해를 못하거나 기억하지 못해서 아내를 미치게 만든다.

"네가 언제 그랬어, 난 들은 적 없어."

여섯째, 사고 패턴이 단순하다.

말을 문자 그대로 해석하거나, 말의 내용이 아닌 말투나 특정 단어를 물고 늘어지며 집착하고 논점을 흐리기도 한다. 그다지 중요하지 않은 사소한 것에 지나치게 집착해서 전체를 보지 못하므로 아내는 도통 대화가 통하지 않고 답답해서 미칠 듯한 느낌을 받게 된다.

남들이 보면 남편은 성인군자에 그저 느긋한 사람이고, 아내

혼자 흥분하여 남편을 들들 볶는 악처로 보인다. 지현 씨가 결혼 전에 느꼈듯 남들이 보는 남편은 지적이고 근면 성실하며 자기 일에 충실한 사람으로 보이기 때문에, 보통 사람들은 지현 씨의 고통을 이해하지 못한다. 그저 말수가 적고 군더더기 없고 아부하거나 꼼수부리지 않는, 말간 소년미가 있는 외통수의 사람으로 보기 쉽다. 저렇게 성실하고 일과 집밖에 모르는 사람인데 무슨 불만이 그리 많냐는 반응만 돌아온다.

결국 아내는 남편이 자신의 마음을 헤아리지 않아 고통스러운데, 이런 괴로움을 주위 사람들은 모르는 이중고에 시달리게 된다. 이것이 바로 '카산드라 증후군'이다.

홀로서기 TIP ─────────────────────────

남편이 아스퍼거 증후군이라고 판단한 아내는 차라리 남편의 병명을 알게 되어 마음이 후련하다고 말한다. 이유를 모르고 '남편이 나를 골탕 먹이려 일부러 저러나', '나 자신이 정말 예민한가?', '내가 정말 히스테리 부리는 나쁜 여자인가?'라며 괴로워했는데, 이제야 남편이 왜 저러는지, 내가 왜 힘들고 다른 사람들은 나를 이해해주지 못하는지 이해했다는 것이다. 남편이 자폐 스펙트럼이라는 발달상의 문제를 지닌 사람이라고 생각하면 화가 덜 나고, 남편의 특성을 이해하고 받아들이기 쉬워질 수 있다.

카산드라 증후군:
아무도 내 고통을 모른다

카산드라는 그리스 로마 신화에 등장하는 트로이의 마지막 왕 프리아모스의 딸이다. 아폴론은 카산드라의 아름다움에 반해 예언의 능력을 주었고 사랑을 고백했다. 그러나 카산드라는 아폴론이 미래에 자신을 버린다는 사실을 알고, 그의 사랑을 거절했다. 화가 난 아폴론은 카산드라의 예언을 아무도 믿지 않는 저주를 내렸다.

훗날 카산드라는 트로이 전쟁을 예견하고 이것을 모두에게 전하려 했지만, 아무도 그녀의 말을 믿지 않아 답답함에 괴로워했다. 이렇게 아무리 전하려고 해도 믿지 않는 상황, 주위 사람들로부터 인정받지 못하는 고통을 받았던 카산드라를 비유해 '카산드라 증후군'이라는 용어가 생겨났다.

이는 의학적 진단 범주는 아니다. 하지만 카산드라 증후군이라는 개념을 적용하면, 남편이 아내에게 드러낸 증상만을 보고 진단하는 것보다 문제의 본질을 파악하기 쉽다. 아내의 우울, 불안, 분노, 신체적 증상이 생기게 된 이유를 부부관계의 역학관계에서 찾고, 아내 증상의 원인을 이해함으로써 치료에 도움이 되는 유용한 개념이다. 아내 혼자만의 문제가 아니라, 남편과의 문제가 반영된 것으로 이해한다.

카산드라 증후군을 겪는 아내들은 스스로 남편과의 관계가 가장 큰 스트레스의 원인이고, 자신이 힘든 원인이 남편과의 관계 때문임을 모르는 경우도 많다.

아무에게도 말할 수 없는 고통

주영 씨는 아이가 두 돌 즈음, 발달장애가 의심된다는 진단을 받았다. 다니던 직장을 퇴사하고 아이 발달치료에 집중했다. 일주일에 두 번 언어치료와 사회성치료를 위해 발달센터에 다녔다. 집에서도 아이의 발달을 돕기 위해 스스로 공부하고 연구하며 무던히 노력했다.

남편은 전문직이라 경제적 어려움은 없었지만, 늘 야근으로 퇴근이 늦었다. 주영 씨는 남편이 아이 치료에 관심이 없다고 생각했지만, 일 때문에 어쩔 수 없다고 넘겼다.

　그러던 중 지방에 살던 시아버지가 암 진단을 받았다. 남편과 시부모는 주영 씨와 상의하지 않고, '병은 큰 병원에서 고쳐야 한다'며 주영 씨 집으로 가기로 했다고 통보했다. 주영 씨는 발달장애 아이 육아만으로도 힘든데 시부모까지 모시라니 앞이 안 보였다. 남편에게 이야기하자, "왜 그렇게 매정해? 네 부모라면 안 모시겠어? 어차피 우리엄마가 밥도 다 할 건데, 평생도 아니고 아버지 치료받을 동안인데 그게 불만이야?"라며 오히려 주영 씨를 나무랐다.

　주영 씨는 가슴이 답답하고 두근거리고 소화가 안 되는 증상을 호소했다. 더 이상 아이에게 눈 맞추고 웃어줄 수가 없었다. 지금까지 아이를 위한 노력도 모두 허사 같고, 도망치고만 싶었다. 주영 씨의 증상은 아이의 발달장애 때문도, 시부모의 시집살이 때문도 아니다. 남편이 자신의 힘듦을 이해하고 공감하지 못해서 생긴 것이다.

　카산드라 증후군은 아스퍼거 증후군, 나르시시스트 같이 공감 능력이 낮은 배우자를 둔 사람들에게 발생하기 쉽다. 하지만 남편이 공감이 불능하고 감정 반응을 못한다고 해서 모두 아스퍼거 증후군이나 나르시시스트로 단정 지을 수는 없다. 다른 원인 때문에 상대방에 대한 공감이 어렵기도 하다.

그중 하나는 중독 문제이다. 인터넷이나 스마트폰, 게임, 도박, 알코올 등 물질 또는 행위 중독으로 인해 배우자에게 마음을 쓰지 않는 남편들이 많다. 그리고 남편에게 우울증이나 불안장애 같은 신경증이 있는 경우, 남편이 직장이나 건강 문제로 극심한 스트레스를 받는 경우, ADHD(주의력 결핍 과잉행동 장애)와 같은 장애를 가진 남편도 아내와 소통을 못할 수 있다.

남편이 내뱉는 말들은 그저 이성적으로 생각했을 때는 현실적이고 논리적으로 틀린 말도 아니기에 아내가 일일이 반박하기도 힘들다. 그저 다른 사고방식, 다른 가치관이라고 생각하게도 한다. 이런 점들은 세세히 명목화하거나 구체적으로 설명하기도 힘들다. 너무 교묘하게 아내의 감정을 무너뜨리기 때문에 그저 남에게 몇 마디로 상황을 설명하거나 예시를 들어서는 남들에게 "뭐 그런 걸로 그래, 설마 일부러 그러겠냐, 그 정도는 이해해라"라는 반응을 얻게 된다.

친정 식구에게도, 친구들에게도 남편으로부터 겪는 상심에 대해 말하지 못한다. 말해 봐야 다른 사람이 아내의 참담한 심정을 이해할 수도 없고, 오히려 예민하고 까탈스러운 여자 취급을 당하기 쉬우니 입을 닫아버려 고립에 처한다.

이런 소통 불능, 공감 부재의 남편에게서 오랜 시간 실망을 거듭하다 보면, 남편을 대할 때 자신도 모르게 분노가 일며 공격하게 된다. 이때 아내는 '수동 공격'을 하기 쉽다. 빈정거리거나 비아냥거리며 애매하게 상대로 하여금 비난받았다는 느낌을 주고, 나는 그럴 의도가 전혀 없었고 그렇게 느끼는 너의 문제라고 자신에게 면죄부를 준다.

남편이 답답하다고 느끼면서, 아내도 어느 새 남편에게 '~해야만 한다'는 당위성을 강요하고, 정서적 공감 반응을 남편에게 보이지 않게 된다.

고통은 또 다른 고통을 낳는다

카산드라 증후군에서 벗어나 남편과 관계를 유지하고 싶다면, 남편의 특성을 이해하고 기대를 내려놓는 방법이 있다. 남편의 마음을 먼저 편하게 해 주기 위해 마음에 없는 말이라도 하고, 꼭 해야 하는 말은 남편의 상황이나 타이밍을 존중하며 진지하게 대화를 시도한다. 불만이나 푸념이나 잔소리가 아닌, '대화'로 받아들이게 하려면 노력이 필요하다.

하지만 아내의 노력에도 남편이 반응이 없거나, 오히려 노력을 무력화시키는 비협조적인 태도를 보이는 경우가 있다. 그럴 땐 차라리 기대를 낮추고 판단을 중지하며 남편을 있는 그대로 받아들이는 편이 낫다. 남편에게 기대하고 집착하며 실망하기보다 차라리 포기하고 내가 좋아하는 다른 일에 몰두하는 편이 낫다. 남편의 방식대로 표면적으로만 관계를 맺으며 멀찍이 떨어져 내버려 두면 오히려 관계가 좋아지기도 한다.

친밀한 관계가 힘든 이유는 기대감이 크기 때문이다. 나는 배우자와의 관계에서 무엇을 기대하는가? 배우자에게 무엇을 바라는가? 또 절대 내가 용납할 수 없는 것은 무엇인가? 이런 기준을 서로에게 알려 주어 원하는 것은 해 주고 원하지 않는 것은 안 한다는 기본적인 원칙을 지키는 서로의 노력이 필요하다. 너무 가까이 가지 않고, 서로를 관리하는 것이다.

그럼에도 배우자를 견디기 힘들고 분노로만 반응하게 된다면 결혼생활의 종지부를 찍는 선택도 있다. 할 수 있는 만큼의 노력을 다했는데도 더 이상 배우자 그림자만 봐도 분노가 치밀고 도저히 배우자가 달라지려는 노력조차 하지 않고 문제를 자각하지도 않은 채 상대 탓만 한다면, 답은 이혼뿐이다. 상대는 노력하지 않는데 내 남은 인생만 희생할 수는 없는 노릇이기 때문이다.

카산드라 증후군을 야기하는 남편들은 '아내는 이래야 한다'라는 당위에 사로잡혀 있기 때문에 결혼생활이 자신에게 손해라는 생각이 들어야 이혼에 동의한다.

그렇기 때문에 남편이 결혼생활로 얻는 이점을 없애고 혜택을 박탈시킴으로서 남편으로 하여금 이혼을 원하도록 하는 방법이 있다. 지금까지 아내 혼자 결혼생활을 유지하려고 희생하고 배려했던 생활을 거두어들이는 방법이다. 당장 밥과 빨래를 해 주지 않는다든지, 시가와 교류를 끊는다든지, 남편이 아내에게 당연히 기대하는 바를 하지 않으면 남편이 이혼을 받아들일 수 있다. 말이 아닌 행동으로 결혼생활이 끝났음을 보여 주는 것이다.

같이 살지만
함께할 수 없는 사이

아스퍼거 증후군처럼 아내를 서서히 미치게 만들고 고립시키는 사람들이 있으니, 바로 '회피형 애착 유형'이다.

애착은 어린 시절 양육자와의 관계나 그 뒤의 경험에 의해 사람마다 고유한 유형으로 만들어진다. 일반적으로 안정형, 불안형, 회피형 등으로 나뉜다.

양육자가 냉정한 태도로 대하거나 감정적 수용을 거부한 경우, 자신의 감정을 억누르게끔 지시한 경우에 회피형 애착이 형성된다. 특히 부모가 평소에는 방임하다가 자신이 원하는 부분에 대해 통제적이고 엄격한 경우가 많다. 자신의 감정을 표현했을 때 무시당하거나, 감정을 억압당하며 키워져 감정을 표현하는 법이 서툴다.

회피형 애착은 친밀한 신뢰관계와 그에 따른 책임을 회피한다. 정서적으로 공감적인 교류를 피하고, 자기 혼자 하는 활동을 선호하는 경향이 있다. 대인관계는 원만해 보이지만 다소 표면적이고, 경우에 따라 스스로 고립되기도 한다. 본인도 타인에게 공감을 잘 하지 않고, 본인도 타인과 정서적 교류를 원하지 않는다.

연애할 때는 속 이야기를 하거나 부탁하거나 도움을 요청하기 싫어하므로 독립적이고 진중한 사람으로 보인다. 힘든 상황에서도 잘 버티고 잘해야 한다는 부담감으로 임하기 때문에 책임감이 넘치며 성취 지향적인 사람으로 보이기도 한다. 그러나 단지 문제 해결을 회피할 뿐이고, 잠수를 타고 도망치기 일쑤다.

애초에 타인에게 관심이 없다. 배우자가 인정과 공감을 꼭 필요로 하는 마음조차 이해하지 못한다. 배우자가 어떤 점에 불만을 갖는지, 왜 화를 내는지 이해하지 못한다.

회피형 애착 유형 12가지 특징

① 감정 표현이 결여되어 있다. 좋아하고 사랑한다는 표현을 적극적으로 하지 않는다.

② 매우 독립적이고, 배우자의 감정을 파악하려 하지 않는다 (예: "혼자 생각할 시간이 필요해").

③ 냉정해 보인다(예: "의존하고 집착하고 매달리는 사람 너무 싫어").

④ 자신의 공간을 확보하고, 가족이 그 공간에 들어오면 경계한다.

⑤ 사람들과 인간관계에 냉소적이다.

⑥ 배우자의 요구 사항을 거부하고, 자신만의 기준을 강조한다(예: "꼭 전화를 해야 해? 문자로 해도 되잖아. 날 구속하지 마").

⑦ 자신이 배우자에게 이용당할까 두려워하고 의심하며, 자신이 결혼생활에 큰 기여를 한다고 생각한다.

⑧ 휴가나 휴일을 혼자 보내고 싶어 하고, 가족과 함께하더라도 혼자 겉돈다.

⑨ 신체 접촉을 별로 좋아하지 않는다.

⑩ 문제 해결 능력과 의지가 없으며, 문제 발생 시 회피하고 도망치거나 심지어 잠수를 탄다.

⑪ 배우자와 가족의 미래 계획에 관심이 없다.

⑫ 잘못을 저지르고도 배우자를 이해시키려는 부연 설명 없이 단순한 사과 한 마디로 끝내려 한다.

물론 이런 회피형 사람과도 잘 지낼 수 있다. 서로 회피형 애착 유형이라 서로 감정적인 욕구가 없거나 타인에게서 애정, 인정을 충족하는 경우에는 서로에게 공감적 반응을 요구하지도,

기대하지도 않기에 별다른 갈등이 없을 수 있다.

하지만 대부분의 아내들은 배우자와 애착이 잘 형성되어 공감적 반응을 받으면 스트레스와 불안이 경감된다. 애착이 정신과 신체 건강의 토대가 되는 것이다. 그런데 회피형 남편과 산다면 진심으로 마음을 나누는 대화나 소통은 기대하기 어렵다. 남편의 존재가 오히려 스트레스와 불안의 원인이 된다.

회피형 남편은 평소에는 그럭저럭 친절하고 침착하다가도 아내가 도움을 요청하는 순간에는 귀찮아하며 도와주지 않거나 화를 낸다. "그렇게 나에게 의지하면 부담스러워", "알아서 좀 할 수 없어?", "이건 당신이 할 일이지, 내 일이 아니야"라고 냉정하게 선을 긋는다. 심지어 문제를 외면한 채 혼자 자기만의 동굴에 들어가 버리기도 한다.

아내는 가장 가까운 사람인 남편에게 의지할 수 없어서 충격을 받고 실망한다. 남편이 자신의 마음을 헤아려 주지 않으니 점차 불만이 쌓인다.

쫓아가지 말고 주도적이 될 것

회피형 애착의 특성상 관계가 가까워지면 오히려 더 불안해한다. 인간관계에 책임이 커지면 극도로 힘들어 하기 때문이다.

배우자가 자신에게 바라는 것이 많다고 느끼고 자신에게 가까이 다가올수록 도망치고 싶은 마음이 커진다.

이런 회피형 유형과 살면 기대와 실망을 반복하며, 도망가는 배우자의 뒤통수를 보고 쫓아가는 모양새로 살게 된다. 회피하는 배우자 때문에 스트레스 받고 불안해진 배우자는 더욱더 상대에게 집착하고, 스트레스 상황에 지나치게 반응하게 된다.

회피형 남편을 둔 아내는 정서가 불안해져 남편의 말이나 행동에 예민하게 반응하고, 부정적인 부분에만 집중해서 과도한 반응을 보이는 경향이 있다. 그럴수록 회피형 남편은 아내의 지나친 표현에 질려한다. 아내가 공감이나 애정을 바라는 것을 이해하지 못한다.

회피형 남편과의 관계를 개선할 수 있을까? 모든 인간관계에서 벌어지는 문제는 서로 문제를 자각하고 해결하도록 노력해야 하는데, 회피형 남자에게 문제를 마주보라는 말은 불가능하다.

이런 남자들은 대부분 아내가 우울증이나 화병을 치료받아야 한다고 주장한다. 아내가 함께 부부 상담을 받자고 제안해도 당신이나 가서 상담을 받고 성격 좀 고치라고 한다. 그런 남편에게 '문제를 자각하라'고 말하는 일은 비난으로 들릴 뿐이다.

지금 서로가 쫓고 쫓기며 분노와 짜증을 표출하고 공격한다면, 오히려 관계를 개선할 여지가 충분하다는 징후이다. 더 이상 일말의 기대도 남지 않으면 분노도 공격도 하지 않는다. 치명적인 큰 결함이나 사건보다는 소통과 공감, 배려의 부재가 누적되어 고통스러운 결과를 초래했기에, "고마워", "미안해", "사랑해", "고생했어"처럼 공감과 정서 표현을 의도적으로 늘리는 노력만으로도 부부관계가 훨씬 좋아진다.

홀로서기 TIP ─────────────────────────────

회피형 사람과 이혼할 때도 원만하게 협의이혼 하는 경우는 별로 없다. 회피형 사람은 가정이 파탄지경에 이르러 더 이상 회복할 여지가 없다는 것, 결혼생활로 인해 모두가 피폐해져 차라리 이혼이 나은 선택이라는 사실도 받아들이지 않는다. 그저 웬만하면 유지를 하고 싶어 하고, 상대가 나서서 어떤 액션을 취하지 않으면 아무런 반응도 하지 않는다. 이런 경우에도 역시 "나는 반드시 이혼하기로 마음먹었어. 협의이혼이 당신에게 가장 좋을 거야. 나는 협의이혼 안 하면 소송이라도 할 각오가 돼 있거든. O월 O일에 난 이 집에서 나갈 거고, 그때까지 협의 안 되면 나가서 소송할 테니 그런 줄 알아"라고 통보하고, 예고한대로 실행으로 옮겨야 한다.

내 남자가
바람이 났다

남편의 외도가 의심되면 어떻게 해야 할까? 무조건 증거부터 확보해야 한다. 많은 아내들이 남편이 의심스러우면 "이거 뭐야? 이 여자는 누구야?"라며 따지고 캐묻는다. 하지만 바람을 피운 남자는 절대 곧이곧대로 고백하며 용서를 빌지 않는다. 하물며 모텔에 들어갔다 나온 현장을 잡더라도, "모텔에서 술만 마셨다"라고 말한다. 그러니 외도가 의심되면 무조건 빼도 박도 못할 객관적 증거와 상간녀 신상부터 확보해야 한다. 그래야 이혼을 하든, 고쳐서 살든 내 의도대로 할 수 있다. 증거 없이는 가만히 앉아 뒤통수 맞을 수밖에 없다.

바람을 피운 배우자에게 가장 많이 하는 실수는 배우자를 설득하려는 것이다. "우리 아이들을 생각해. 그 사람이 진짜 당신을 사랑한다고 생각해?"라는 논리로 설득했다가, 눈물로 호소했다가, 급기야 협박까지 하지만 바람난 사람은 꿈쩍하지 않는다.

바람난 사람은 마치 중독된 환자와 같다. 게임 중독, 도박 중독처럼 상간자와의 관계에 중독되어 이미 뇌가 마비된 환자라고 생각하면 된다. 환자에게 아무리 설득하고 호소해 봐야 소용없듯이, 바람난 배우자에게도 통하지 않는다. 눈앞에서는 고개를 조아리며 반성하는 듯하다가도, 상간자를 마주치면 원점으로 돌아간다. 이미 남의 사람이다.

내 아이들이 일곱 살, 다섯 살이던 여름이었다. 아이들은 매미채를 들고, 자전거를 타고 온 동네 놀이터와 공원을 휘젓고 다녔다. 내가 아이들 뒤꽁무니를 쫓아다니는 동안, 남편은 다른 것을 쫓고 있음을 뒤늦게 알게 되었다.

남편이 수상하다고 생각한 때가 몇 번 있었다. 퇴근하고 집에 있다가 갑자기 친구를 만나러 나가거나 부쩍 외모에 신경 쓰느라 안 바르던 로션을 바르고 향수를 뿌렸다.

어느 날은 누가 봐도 낡은 노란 손수건을 다른 사람에게 빌렸다고 하면서, 돌려줘야 하니 나에게 손빨래를 해 달라 했다. 그 손수건이 상간녀 손수건일 줄이야, 꿈에도 몰랐다.

남편은 점점 주말에도 일을 핑계로 나갔다. 귀가 시간이 늦어지고 새벽에 들어오는 일은 예사였다. 아이들과 함께 남편 차를 타려고 하면, 아이들 카시트가 트렁크에 가 있었다.

보조석에는 먹다 만 테이크아웃 컵이 놓여 있기도 했다. 남편은 아이들과 나들이를 가서도 정신이 딴 데 팔린 사람처럼 겉돌았다. 가끔 나에게 '너는 나에게 신경을 안 쓴다'와 같은 말을 했는데, 정체 모를 누군가와 비교당하는 느낌이 들었다.

지금 떠올려 보면 남편이 흘린 빌미가 한두 개가 아니었는데, 서른세 살의 나는 그렇게 바보 같았다. 남편이 바람을 피울 줄 상상도 못 했다.

남편은 항상 나를 단속했다. 나더러 '남자들 속셈을 모른다', '남자 개념이 없다'며 나를 구속했는데, 그의 바람기를 나에게 투사한 것이었다.

우여곡절 끝에 증거를 찾은 나는 상간녀 소송을 했다. 나는 가정을 지키고 싶었다. 상간녀를 떼 내면 남편이 돌아올 것이라 믿었다. 상간녀도 아이가 둘 있는 유부녀이고 직장에서 만난 사이이기 때문에, 잃을 것이 많은 상간녀가 남편을 버리고 가정으로 돌아가길 기대했다.

그런데 내 남편과 상간녀는 상간녀 소송 중에도 계속 동거했다. 나는 남편과 상간녀가 다니는 회사를 찾아가 망신도 줘 보고, 협박도 해 보고, 상간녀의 남편을 만나 읍소해 보기도 했다.

내가 상간녀를 압박할 때마다 상간녀는 남편에게 헤어지자 했고, 남편은 그녀를 더 붙잡았다. 남편은 그녀가 좋아서라기보다는 지금까지 깔보고 우습게 알았던 내가 자기를 공격한다고 느껴 나에게 반감이 생긴 듯했다. "그녀와 헤어져도 다시 가정으로 돌아가지 않을 거야. 내가 이혼하고 싶은 건 너 때문이야. 너와 내 관계 문제이지, 이 여자 때문이 아니야. 왜 이 여자를 그렇게 괴롭혀?"라고 했다.

나는 정말 이혼이 겁이 났다. 잘 다니던 대기업을 관두고 남편의 권유로 4년 동안 경력 단절이 되었는데, 아이 둘 딸린 이혼녀가 되어 어디 취직을 할 수 있을까? 너무나도 겁이 나고 앞날이 캄캄했다.

상간자 소송은 어떻게 할까?

상간자 소송은 불륜으로 인해 내가 받은 정신적 피해 보상을 청구하는 민사 소송이다. 간통죄가 폐지되고 상간자에게 법적 책임을 물을 방법은 상간자 소송뿐이다. 상간자 소송을 하려면 구체적인 불륜 증거와 기혼자임을 알고도 만났다는 증거가 필요하다.

상간자 위자료 소송 과정

증거 수집 ▶ 변호사 선임 ▶ 소장 제출 ▶ 조정 또는 재판(변론) ▶ 판결

상간자 소송 기간은 6개월 정도 걸리며, 위자료는 1,000~2,000만 원 선에서 판결난다.

상간자 소송을 하면 많은 불륜 남녀들이 헤어진다. 상간자가 잃을 것이 많으면 더욱 그렇다. 상간자 소송에 대응하며 스트레스 받고, 소송 중에도 만나면 위자료가 높아지며, 상간자 소송 판결 뒤에도 만나는 모습을 들키면 재소송을 당할 위험도 있기 때문이다.

남편이 제시한 이혼 조건도 상식 이하였다. 집을 준다고 해도 이혼을 안 해 줄 판에, 그는 자신의 명의 집에서 아이들 키우며 살게 하고, 생활비 200만 원을 주겠다고 했다.

내가 이혼하지 않겠다, 상간녀를 정리하고 가정으로 돌아오라고 강경하게 나가니, 남편이 이혼 소장을 보내왔다. 소장은 허무맹랑한 신춘문예 소설과 같은 거짓말과 과장 일색이었다. 나는 태연하게 대응했다. 변호사 선임도 하지 않고, '기각'으로 맞섰다. '유책 배우자의 이혼 청구이니 기각시켜 달라'는 내용이었다.

남편은 나에게 이혼해 달라며 온갖 협박을 해 댔다. 생활비를 끊고, 집 대출을 갚지 않아 경매에 넘어가게 했다. 나에게는 '자신의 명의로 작은 아파트 전세를 얻어 줄 테니 거기서 살라'고 했다. 기가 막혔다.

이럴 때 아내들은 협상의 늪에 빠지기 쉽다. "그래, 네가 원하는 대로 이혼해 줄 테니 이 집을 다오"라든지, "네 명의 말고 내 명의로 얻어 주면 이혼하겠다"라고 협상하는 것이다. 하지만 먼저 조건을 제시하고 협상 의지를 내비치면 남편은 그 조건에서 협상을 한다. 이런 남자들은 협상에 능하고, 아내 머리 꼭대기에 앉아 아내를 조종한다.

결론적으로 나는 이혼에 기각으로 맞선 결과 집을 재산 분할로 받을 수 있었다. 끝까지 포기하지 않고 이혼해 주지 않으니, 남편이 '집을 줄 테니 이혼만 하게 해 달라'고 한 것이다.

외도를 대하는 마음가짐들

모든 남자가 바람을 피우고 이혼을 요구하지는 않는다. 아내가 눈치 채지 못할 정도로 완벽한 이중생활을 하고, 걸려도 눈물을 흘리며 반성하는 척하고 뒤에서는 천연덕스럽게 양다리를 이어 가는 남자들도 있다.

남편의 태도가 하루가 다르게 바뀌고 날마다 새로운 사건이 생기기 때문에, 아내는 '남편의 태도가 나에게 달렸다'라고 착각하기 쉽다. 하지만 내가 지난 수년간 외도 상담을 하며 본 결과, 남편의 행동은 아내에게 달리지 않았다. 오히려 '상간녀와의 불륜의 깊이'에 달렸다. 아내가 가만히 두어도 상간녀와 관계가 깊으면 집을 나가고 이혼을 요구한다. 아내가 들들 볶아도 상간녀와 깊지 않으면 가정을 떠나지 않는다.

그래서 상담할 때, 남편을 가정으로 돌아오게 하여 가정을 지키고 싶으면 상간녀를 떨어뜨리라고 말하고, 남편을 상대로 진심어린 대화나 협상을 시도하지 말라고 조언한다. 옆에 다른 여자가 있는 이상 남편에게 통하지 않기 때문이다.

많은 아내들이 "돌아오면 회복하고 살 수 있을까요?"라고 묻는다. 나는 남편의 외도를 바로잡아 다시 가정을 회복한 사람들을 많이 보았다. 나도 1년이 넘는 기간 동안 버티면서 하루에도 몇 번씩 오락가락했다. 이렇게 마음에서 갈등이 일 때는 아직 이혼할 때가 아니다.

이혼할 때 하더라도, 남편이 상간녀를 정리하도록 모든 노력을 해 보고, 기다려도 보고, 비참해도 할 일을 다 해 보면서 그 시간을 견뎌내 보길 바란다. 1년이나 버티다가 집을 얻고, 이혼하고 더 잘 사는 나도 가끔 '내가 그때 더 버텼으면 어땠을까?'라고 생각한다. 아마 쫓기듯이, 자포자기하듯이 이혼했더라면 그 당시에 덜 힘들었을지 모르지만, 두고두고 후회했을지도 모른다.

상담을 하다 보면 한 발 떨어져 객관적으로 부부 사이를 보게 된다. 이 부부의 외도 전 모습은 어땠는지, 서로 친밀함이나 애정이 어느 정도인지, 바람난 남편이 가족에 느끼는 책임감의 무게는 어떤지…. 그렇게 보면 회복할 수 있는 부부인지 이혼할 부부인지 보인다. 물론, 아내가 끝까지 이혼하지 않고 버티면 남편과 상간녀의 사랑도 언젠가는 열정을 잃고, 한창 불륜 중에는 안 보이던 자식이 보이기 시작할 것이다.

조강지처에 대한 미움과 오기가 걷히고 나면 아내가 원래 얼마나 좋은 사람이었는지, 자기가 바람나서 미쳐 있는 동안 가정을 지키려 얼마나 애를 썼는지도 보일 것이다. 하지만 그렇게 돌아와도 더 큰 문제가 기다리고 있다.

남편이 불륜을 정리하고 다시 가정으로 돌아왔다고 해도 아내의 상처가 없어지지는 않는다. 남편이 유랑을 마치고 가정으로 돌아오면 아내에게는 허탈함이 밀려온다. '내가 무엇을 위해 나에게 이렇게 상처를 준 사람에게 내 시간과 에너지를 썼나,

이 사람이 정말 내 인생과 함께할 사람인가, 앞으로 나는 어떻게 살아야 하는가'라는 허무함이 터진다. 그동안 겪은 수모와 설움, 분노를 실컷 표현하지도 못한다. 외도한 남자는 자기가 5년, 10년 간 두 집 살림을 했더라도, 아내의 푸닥거리는 5일, 10일도 들어주지 않기 때문이다.

나는 괴로워하는 아내들에게 이렇게 조언한다.

"직장동료만큼만 기대하세요. '가정동료'라고 생각하고, 타인처럼 대하세요."

외도한 남편과 같이 살겠다고 마음먹을 때는 아예 새로운 사람과 산다고 생각하고 남편과 새로운 관계를 맺어야 한다. 남편이 외도하는 동안 쌓인 울분과 분노를 마구 표출해 보았자 불행의 연장선일 뿐이다.

가정이라는 무대 위에서 평범한 부부로 연기하듯, 그런 일이 없었던 듯, 다 잊은 듯 살아야 한다. 공허함이 밀려오면 남편이 아닌 다른 것으로 내 시간과 마음을 채워야 한다. 운동, 취미, 일, 여행, 공부와 같이 나를 배신하지 않는 것으로 나를 채워야 내 안의 남편이 작아진다.

그렇게 살다 보면 어느 샌가 다시 가까워진 부부사이를 느낄 것이다. 무너진 성벽을 다시 쌓는 데에는 절대적인 시간이 필요하다. 그 시간을 견디며, 예전처럼 돌아가려고 조급해하지 않는 것이 회복의 비결이다.

홀로서기 TIP ──────────────────

상간자 위자료 소송을 해야 할 때는 기간이 중요하다. 기간은 부정행위를 알게 된 날부터 3년 또는 부정행위가 있던 날부터 10년 이내이다. 증거로 블랙박스 영상이나 메시지 등을 제출할 수 있다. 연인으로 생각할 수 있는 대화만으로도 증거가 될 수 있다.

그리고 남편이 또는 아내가 기혼자임을 알고도 만났다는 사실을 증명할 수 있어야 한다. 예를 들어, 외도 중 배우자의 카카오톡 프로필 사진이 가족 사진이었다든지, 대화 내용 중에 상대의 가정에 대한 언급이 있다든지 하는 내용이면 된다.

친밀하고 은밀하게
행해지는 것

　이 이야기는 조심스럽다. 지금까지 배우자와 헤어져야 하는
여러 이유와 관계를 유지하는 법을 말했지만, '폭력'은 그 범주
안에 들어갈 수 없기 때문이다. 그럼에도 아직도 많은 여자들이
남편에 의한 가정폭력에 시달린다. 익명 커뮤니티나 상담을 받
으러 온 사람들에게서도 심심찮게 찾아 볼 수 있다.

　나 역시 마찬가지였다. 첫아이가 50일 쯤이었던 것 같다. 남편
이 나에게 손찌검을 했다. 그 전에도 싸우고 벽을 주먹으로 치
고, 물건을 던지는 일은 종종 있었지만, 몸에 손을 댄 것은 처음
이었다. 나는 바로 방문을 걸어 잠그고 112에 신고를 했다. 경찰
에게 자초지종을 설명하자, 경찰이 물었다.

"처벌을 원하세요?"

신혼이었던 나는 일이 커지기를 원치 않았다.

"아니요….."

지금도 그 일에 대해서 사과를 받고 싶다.

어떠한 일이 있어도 폭력은 안 된다. 한 번 시작되면 반복되기 쉽고, 뺨 한 대로 시작하여 칼부림까지도 발전하는 것이 폭력이다. 무엇보다 자존심이 너무 상했다. 내가 다시 결혼생활을 이어 가려면 당연히 사과를 받아야 했다.

남편은 "나를 건드린 네 잘못이야, 어떻게 남편을 신고할 수 있냐? 네가 신고해서 나는 망신을 당했어"라고만 했다. 남편은 끝까지 잘못을 시인하지 않았다. 나는 처음으로 다른 인간을 죽이고 싶다는 생각이 들 정도로 치가 떨렸다.

처음이니까, 사적인 문제니까?

가정폭력은 가장 사적인 공간에서 친밀한 관계에 이루어지므로 외부에서 인지하거나 확인하기가 쉽지 않고, 가정 내의 사소한 불화 정도로 축소되기 쉽다. 폭력 피해자인 아내마저도 지속적이고 반복적으로 당하다 보면 폭력을 일상적인 일로 수용하게 되어 폭력을 축소하고 은폐하기 원하기도 한다. 친밀한 사이에 반복적으로 발생하므로 피해자의 인격을 파괴한다.

많은 가정폭력 피해자들은 별다른 대응이나 조치 없이 넘어간다. 여성가족부 2019 전국 가정폭력 실태조사에 따르면, 가정폭력에 대한 대응(중복 응답)에서 '별다른 대응을 한 적이 한 번도 없다'가 45.6퍼센트를 차지했다. '배우자에게 맞대응했다'가 43.1퍼센트, '자리를 피하거나 집 밖으로 도망갔다'가 12.5퍼센트, '주위에 도움을 요청했다'는 단 1.0퍼센트에 그쳤다.

이혼을 원치 않는 경우에 특히 그렇다. '처음이니까, 부부간의 사적인 문제니까, 나에게도 잘못이 있고 폭력을 유발한 책임이 있으니까, 나도 같이 덤볐으니까'라는 생각으로 그냥 묻고 넘어간다. 가정폭력에 대한 잘못된 생각이다. 사회에 만연하고, 피해자들마저도 이런 생각 때문에 가정폭력을 인지하지 못하거나, 문제화하지 못한다.

물리적 폭력이 있어야 가정폭력이라는 생각이다.

2021년 한국양성평등교육진흥원 자료에 따르면, 2020년 한 해 배우자에 의한 폭력 피해 경험은 통제 25퍼센트, 정서적 폭력

7.2퍼센트, 성적 폭력 2.6퍼센트, 신체적 폭력 1.5퍼센트, 경제적 폭력 1.0퍼센트로, 통제와 정서적 폭력의 비율이 높았다. 통제와 정서적 폭력이란, 모욕과 욕설, 신체적 위협, 피해자의 물건 파괴, 주변인이나 반려동물 위협과 협박, 자해와 자살 위협, 잠을 못 자게 괴롭힘 등을 이야기한다.

"그 사람은 일 관계로 사람을 만나는 것부터 시작해 살림하는 모든 것을 자신이 통제해야 직성이 풀렸어요. 가전제품이나 물건을 사는 것도 늘 그 사람의 결정에 따라야 했죠. 신혼 때는 싸워 보기도 했지만, 뒷일을 감당하기 힘들어 결국 포기했어요."

이처럼 가족 구성원 사이에서 사랑과 보호를 명목으로 상대를 통제하는 것이 바로 가정폭력의 시작이다. 가부장제 잔재가 남은 우리 사회에서는 가장인 남성의 명령이나 통제가 남성에게 부여된 역할이나 남성성의 일면으로 정당화되는 분위기가 있다.

나만 참으면 가정이 지켜진다는 생각이다.
경제적으로 남편에게 의존하는 아내로서는 폭력에 취약해지기 쉽고, 폭력 관계로부터 빠져나오기가 어렵다. 피해자는 폭력이 심각하지 않다고 생각해서, 그 순간만 넘기면 괜찮아지니까,

일을 벌이고 싶지 않아서, 가정을 지키려고, 자녀들을 생각해서 경찰에 도움을 요청하지 않는다. 이는 모순적이다.

가장 안전하고 행복해야 할 가정이라는 공간에서 폭력이 일어나는데, 가정을 지키려고 폭력을 참고 묵인한다는 것은 결코 가정을 지키는 행위도 아니고, 아이들을 위한 희생도 아니다. 참으면 언젠가는 나아지겠지, 한바탕 하면 괜찮아지겠지, 가정을 지켜야지 하며 폭력을 참으면 강도는 점점 더 심해지고 결국 아이들에게도 부정적인 영향을 미치게 된다.

피해자에게도 어느 정도 책임이 있다는 생각이다.

나라도 그때 참았어야 하는데 괜히 건드려서, 적당히 했어야 하는데 내 성격 때문에 너무 끝장을 봐서, 그가 화났을 때 멈췄어야 했는데, 그가 싫어하는 짓을 내가 해서 나에게도 책임이 있다는 것이다.

상호작용 측면에서는 일견 맞는 말일 수 있지만, 어떠한 경우에도 신체적인 폭력은 허용될 수 없다. 또한 사회에 만연한 성역할 고정관념이 이런 가정폭력을 정당화하기도 한다. 사람들은 아내의 역할을 제대로 수행하지 않으면 남편이 폭력을 행사할 수도 있다는 생각을 하곤 한다. 가정폭력 피해자에게 가해자를 자극한 죄를 묻는 셈이다.

가정폭력에 대응하는 법

가정폭력으로 112에 신고하면 경찰이 출동하여 현장에서 상황을 파악하고, 가해자에게 경고한다. 그러면 대부분 남편도 진정하고 폭력을 멈춘다. 가정폭력은 신고 취소가 되지 않는다. 신고가 들어와 경찰이 출동 중에 가정폭력 신고 취소가 들어와도 신고 취소로 종결하지 않고, 반드시 현장에 출동하여 직접 당사자들의 상황 설명을 듣고 조치하는 것이 원칙이다.

경찰이 현장에 도착하고, 많은 아내들이 '사건 접수를 희망하지 않는다'라고 하는데, 단순히 욕설, 폭행, 협박 등은 친고죄 및 반의사불벌죄에 해당하므로 피해자가 사건 접수를 원치 않는 경우 사건 접수가 되지 않는다. 다만 상해(타박상, 골절, 혈흔, 응급실 내원 등), 특수폭행, 특수협박(칼이나 몽둥이 등 흉기를 들었을 경우), 상습폭행, 상습협박(2회 이상), 손괴(물건 파손) 등이 있었을 경우에는 피해자의 의사와 상관없이 접수가 된다.

사건이 접수된 뒤에는 피해자의 처벌 의사가 있는 경우에는 일반 사건과 동일하게 처리되어 벌금이나 실형 등이 선고된다. 피해자의 처벌 의사가 없으나 재발할 우려가 있는 경우에는 가정 보호 사건으로 처리되어 보호 처분의 결정을 받을 수 있다.

가정 보호 사건의 경우 징역, 벌금 등 형사 처벌이 아니므로 전과가 남지 않는다. 대신 가해자의 폭력 성향 교정을 위하여 접근 금지, 사회 봉사, 수강 명령, 보호 관찰, 치료나 상담 등의 조치를 받게 된다.

남편과 이혼할 생각이 없고, 처벌받지 않게 하고 싶지만, 그냥 넘어가지 않고 겁을 주고 싶다면 경찰 조사를 받으면서 가정 보호 사건으로 접수하고 싶다고 이야기하면 된다. 다만 죄질, 상습성 등 유무를 따져 가정 보호 사건으로 접수되지 않을 수 있다.

가정폭력으로 이혼하기 원한다면 증거를 남겨야 한다. 가정폭력으로 신고한 기록과 사진, 녹음, 가족의 진술 등이 모두 증거로 사용된다. 처음 일어난 일이라도, 어쩌다 한번 일어나는 폭력이라도 경찰에 신고하거나 사진 등의 증거를 남겨 놓는 것이 좋다. 상해를 입었다면 가정의학과나 정형외과를 방문하여 '남편에게 폭행당했다'라는 사실을 알리고 상해 진단서 또는 소견서를 받으면 유용하다.

경황이 없어 미처 진단서나 사진 증거를 만들어 놓지 못했고 경찰에 신고만 했는데 이혼 시 가정폭력 증거가 필요하다면, 경찰에 신고한 출동 기록에 대해 정보 공개 청구를 할 수 있다. 이혼 소송을 하며 법원을 통해 문서 제출을 요구할 수도 있는데, 6개월 이내의 자료만 조회되므로 소송 전 미리 출동 기록을 개인적으로 받아 놓는 편이 좋다.

가정폭력 사건 처리 절차

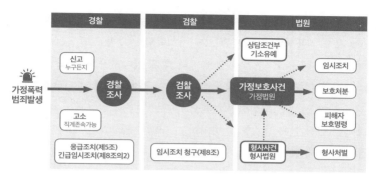

출처: 여성가족부 가정폭력 예방교육 강의안

- 가정폭력 상담은 1366(긴급 피난처, 상담센터, 경찰, 병원, 법률기관을 연계 지원)
- 폭력 신고는 112

정부에서 운영하는 여성 긴급 전화 1366을 이용하면 가정폭력 상담을 할 수 있다. 긴급 피난처나 법률기관도 연계하여 지원하는 통합 시스템을 운영하므로 꼭 기억해 두자. 가정폭력 피해자 치료 회복 프로그램 및 의료비 지원, 무료 법률 지원도 복지로(www.bokjiro.go.kr)에서 확인 가능하다.

생각보다 아직도 많은 곳에서 가정폭력이 일어난다. 경찰청이 2021년 6월 보고한 통계에 따르면 2021년 가정폭력 신고가 21만 8,669건이었다. 경찰 신고는 10년, 5년 전에 비해 줄고 있다지만, 아직도 20만 건 이상의 폭력이 있다는 사실을 보여 준다. 언어폭력부터 시작해서, 물건을 집어 던지고, 직접적인 폭력으로 가는 길은 시간문제다. 물리적인 폭행이 있기 전에 징조를 잘 파악하고, 어떠한 형태로든지 폭력이 행해졌다면 지체 없이 112에 신고하자.

2장

후회 없는 헤어짐을 위해 준비할 것들

1단계:
헤어질 결심

"이혼 안 해! 아니, 못 해!"

어떤 사람들은 이미 부부관계가 끝났음에도 이를 받아들이지 못한다. 결정할 선택권이 자기 손을 떠나간 뒤에도, 이혼을 받아들이지 못하는 것이다.

부부관계가 끝났다는 뜻은 그동안 결혼생활에 많은 문제가 있었고, 서로 개선하려는 의지가 없으며, 별거나 대화 단절이 오래되어 사실상 파탄난 관계이다. 거기에 폭력, 경제적 파탄 등 결혼생활을 지속하지 못할 중대한 사유가 있는 경우도 있다. 이런 결혼생활을 지속할수록 부부의 몸과 정신의 건강이 축난다. 아이들은 살얼음 위를 걷는 듯 살벌한 분위기에서 부모 양쪽의 눈치를 보고 불안해한다.

상담한 수민 씨도 그랬다. 남편과 성격 문제로 섹스리스가 된 지 오래이며, 아이를 만들 때만 합방했다고 한다. 참 신기하게도 이런 부부일수록 임신이 잘 된다. 합방만 하면 아이가 생기니 아이가 둘, 셋씩 된다. 남들이 보면 금슬 좋은 줄 안다. 그녀는 남편과 성격이 너무 안 맞고, 말만 섞으면 남편이 화를 내고 물건을 집어던지니 점점 말문을 닫게 되었다. 그러다 아이들이 중학생이 되었다. 결국 남편이 이렇게 살 바에는 이혼하자고 이혼을 요구했다.

수민 씨는 한 집에 살면서 남편이 걸어온 이혼 소송에 대응해야 했다. 이혼을 받아들이지 못하니 기각으로 맞섰다. 벌써 이혼 소송은 3년째에 접어들었고, 곧 판결이 날 것인데, 어떤 판결이 날지 걱정된다고 했다.

그런데 수민 씨는 이혼을 원치 않는다면서 3년 동안이나 이어지는 불화 상황에 대해 왜 아직도 남편과 허심탄회하게 대화해보지 않았을까?

하지만 나는 '왜 진작 노력하지 않으셨어요?'라고 묻는 대신, 이렇게 말했다.

"이제는 이혼을 받아들이셔야 할 것 같아요."

이혼을 받아들이지 못하는 이유

수민 씨는 '절대 이혼 안 해'라는 생각에만 사로잡혀 이혼을 거부하며 그동안 자신의 상황을 보지 못했다. 20년에 가까운 생활 동안 남편과 삐그덕거리는 결혼생활을 해 왔을 것이다. 이혼하지 않고 싶다면, 남편과 잘 지내보려는 노력을 했어야 했고, 이혼하고 싶다면 대비를 해야 했다.

하지만 인생이 어디 내 의지에 맞게 흘러가는가? 강물에 휩쓸려 가듯이 상황이 갑자기 극으로 치닫는 경우가 있다. 나도 수민 씨와 같았다.

남편은 나에게 어떤 선택권도, 기회도 주지 않고 "우리 관계는 예전에 끝났다"라고 말했다. 나는 당황했지만 돌이킬 수 있으리라고 생각했다. 하지만 모두 착각이었다. 남편은 더 이상 자기 인생을 가족을 위해 희생하고 싶지 않다고 했다. 돌이킬 방법이 없었다. 이혼을 받아들이기 힘들었다. 하지만 지금 돌이켜 생각해 보면 이혼으로 흘러가는 내 현실을 받아들이지 못했던 것이다. 나에게 선택권이 없는데, 내가 선택할 수 있다고 착각했다.

나 역시 마찬가지였기 때문에 이혼을 망설이는 사람들의 마음을 충분히 안다. 그런데 이렇게 자문해 보기 바란다.

"나는 무엇 때문에 이혼하지 못하는가?"

어쩌면 두려움 때문일 것이다. 아이가 어려서, 아이가 사춘기라서, 아이가 곧 결혼할 예정이라서, 경제력이 없어서, 남편이 내 명의로 사업을 해서, 빚밖에 없어서, 주변 사람의 시선이나 편견 때문에, 부모님을 실망시키고 싶지 않아서….

하지만 모두 핑계이다. 이유는 딱 하나, 나 자신이 이혼을 두려워하기 때문이다. 이혼이 두려운 사람은 아이를 혼자 감당하기 겁나고, 가장이 되어 돈벌이에 뛰어들 자신이 없다. 주변 사람의 시선이나 편견에 맞설 각오가 없다. 지금껏 그래왔듯이, 적당한 불행을 견디며 살던 대로 살고 싶은 것이다.

헤어질 결심을 하지 못하는 사람들의 마음은 다음과 같다.

변화가 너무 두렵다.

예측하지 못하는 미래가 두려운 것은 사실이다. 하지만 현실이 지옥이라면 주저앉지 말고 벗어나야 마땅하다. 자기 자신의 형편과 처지를 바꿀 수 있는 사람은 자신뿐임을 자각해야 한다. 이혼에 따른 후폭풍을 감수하고 이겨낼 각오를 다져야 한다.

살다 보면 할 수 있는데 못 한다고 지레 포기하는 경험을 하기도 하고, 아주 어려운 일이지만 애써서 결국 해내는 경험을 하기도 한다. 모두가 불가능하다고 하는 것을 성취해내는 사람도 분명 있다. 그런 사람에게는 운도 따르고, 기적과 같은 일도 일어나고, 주변 환경이나 조건도 '그 일을 해낼 수 있게끔' 변화한다. 신은 스스로 돕는 자를 돕는다는 말이 있듯이, 결국 자신의 의지 문제이다. 그 일의 난이도는 안간힘을 다 해 노력해 보기 전에는 알 수가 없기 때문이다.

'매몰비용의 오류'를 극복하지 못하기 때문이다.

본질적으로 결혼은 투자이다. 우리는 배우자와 함께하는 삶에 감정적으로, 재정적으로, 기타 모든 방식으로 나 자신을 투자한다. 지금까지 인생의 많은 시간을 배우자와 보내 왔고, 잘 지내려 지금껏 노력해 왔고, 여러모로 에너지를 투자해 왔기에 손에서 놓지 못한다. 주식 투자를 하다가 어느 선 미만으로 가격이 하락하면 적당히 손절도 할 줄 알아야 하는데, 포기하지 못해서 투자 손실을 보는 것과 비슷하다. 더 이상 희망이 없음을 받아들이지 못하고 손절하지 못한다.

오기와 복수심 때문이다.

나는 그동안 외도 상담과 이혼 상담을 하면서 한 가지 재미난 점을 발견했다.

아내가 '내가 진짜 저 인간이랑 이혼해야지'라고 생각하다가도 남편이 바람이 나서 이혼 요구를 하면 절대 이혼 못 한다고 오기

를 부린다. '누구 좋으라고 이혼을 해주냐, 난 절대 이혼 못한다'
라고 한다.

반대로 이혼 생각이 별로 없었다가도 남편이 바람을 피우고
싹싹 빌며 '제발 이혼만은 하지 말자'고 하면, 남편에게 객기를
부리고 싶어진다. '이혼하기 싫으면 니가 그런 짓을 하지 말았어
야지' 하며 남편과 반대로 간다. 이혼하기 싫다는 남편을 혼쭐내
주기 위해 이혼 소송까지 건다.

현명하고 냉정한 결정이 필요하다

이혼은 결혼보다 더 중요한 의사결정이다. 이혼 결정은 정말
냉정한 판단력이 요구된다. 결혼은 했다가 잘못됐다 싶으면 이
혼이라는 탈출구가 있지만, 이혼은 나중에 후회해도 소용이 없
다. 이미 버스는 지나간 뒤이고, 다른 버스로 갈아탈 수 있을지
없을지도 미지수이다. '부부의 세계'는 당사자 아니고서는 절대
모르고, 당사자조차 객관화하기 힘든 주관적 세계이다.

그럼에도 헤어져야 한다면, 자신에게 솔직해지고 현실을 받아
들여야 한다. 결혼생활이 끝났다는 사실을 받아들이는 것은 새
로운 미래를 발견하기 위한 첫 단계이다. 헤어질 결심을 하고
이혼을 받아들이고, 자신에 대해 더 잘 알아가고 낙관적으로 새

로운 삶을 준비해야 한다.

　두렵지만 해 나가야 한다. 배짱이 필요하다. 누구도 나를 이 지옥에서 꺼내 주지 않는다. 주변 사람의 의견에 귀를 기울이기보다는 내면을 들여다보고 내 능력과 의지를 살펴보자. 내가 나에 대해 제일 잘 아는 사람이다.

　그럼에도 결혼생활을 못 놓겠다면, '못 해'가 아닌 '안 해'가 되기 바란다. 능력이 없어서 이혼을 못 하는 것이 아니라, 이혼할 의지가 없어서 안 하는 사람이길 바란다. 능력만 되면 언젠가 의지가 생겼을 때 언제든 놓을 수 있으니까 말이다.

홀로서기 TIP ─────────────────────

나는 무엇 때문에 이혼하지 못하는지 곰곰이 생각해 보는 자기 성찰의 시간을 오래도록 가지길 바란다. 그러면 이혼할 것인지 아닌지 판단이 들 것이다. 홀로서기하려는 것도 결국엔 인생의 한 선택일 뿐이다. 내 인생을 선택하는 사람은 나라는 생각을 놓지 않아야 한다.

독립의
조건

 남편과의 관계를 끝내고 남편으로부터 독립하는 것이 이혼이
다. 이혼 준비는 곧 독립 준비이고, 독립은 정서적 독립과 경제
적 독립의 두 영역으로 생각할 수 있다. 정서적 독립은 경제적
독립이 선행되어야 가능하다.
 제아무리 남편과 분리된 동등한 성인으로서 남편을 대하고 싶
어도, 경제적으로 종속된 한은 완벽한 독립은 불가능하다. 가족
으로 묶인 사이라도, 자본주의 사회에서 내 의지대로 살려면 경
제적으로 독립해야 한다.

 내가 상담하며 "경제적으로 독립하는 것도 생각해 보세요"라
고 조심스럽게 조언하면, 많은 사람들이 "네, 남편이 주는 생활

비에서 조금씩 빼돌리고 있어요. 또 다른 방법이 있을까요?"라고 되묻는다.

생활비를 절약하여 목돈을 만드는 것도 가능할 수 있다. 손 놓고 있기보다는 단돈 몇 만 원이라도 모아 남편 모르게 혹시 모를 상황에 대비하는 것이다. 하지만 작은 돈을 절약하는 행위에 집중하느라 시야가 좁아지도록 나 자신을 방치하는 것은 아닐지 되돌아보자. 생활비를 절약하는 일은 나 아닌 누군가가 생계를 책임지고 벌어다 준다는 전제하에 가능한 것이다. 이는 아직도 남편에게 의존하고 있다는 반증이다. 절약만으로는 절대 남편에게서 독립할 수가 없다.

50만 원을 절약하는 것보다 50만 원을 벌어 쓴다

내가 생활비 50만 원을 절약하는 것에 만족하지 않고 사회에 나가서 월급 50만 원을 번다고 생각해 보자. 처음에는 오히려 돈을 더 쓰는 듯하고, 나가서 쓰는 밥값과 교통비가 버는 돈보다 더 드는 느낌일 것이다. 굳이 누가 등 떠미는 것도 아닌데 내 욕심에 돈 벌겠다고 나와서 아이들과 집안일에 소홀해서 미안해지기도 한다. 돈을 벌면서도 오히려 남편 눈치가 보인다.

하지만 절약하는 50만 원보다 내가 나가서 버는 50만 원이 훨씬 가치 있다. 이 돈은 훗날 500만 원, 5,000만 원이 될 가능성이 있기 때문이다. 게다가 시간도 내 편이다. 생활비를 절약하는 시간은 나를 성장시켜주지 않는다. 하지만 사회에서 돈 벌며 보내는 시간은 나를 성장시킨다. 내 능력이 쌓이고, 고스란히 내 경력이 된다.

어떤 사람들은 "나가서 할 일이 편의점 알바 밖에 없는데…"라며 자신 없어 한다. "내가 50만 원 벌면 남편이 생활비를 그만큼 줄일 것이다, 아이가 고등학교 3학년이다, 시부모님이 원치 않는다" 등등 못 하는 이유는 5만 가지가 넘는다. 하지만 진짜 하는 사람들, 자기 커리어를 시작하는 사람에게는 단 두 개의 이유만 있다. 바로, 생계와 나 자신의 성장이다.

신뢰를 잃은 남편과 이혼하기로 결심했다면, 철저히 다음을 준비해야 한다.

남편으로부터 독립을 계획하자.

내 상황을 객관적으로 보고, 이혼하기 위한 독립 자금을 비장한 각오로 마련하자. 남편에게 배신당한 여자에게는 선택의 여지가 없다. 남편이 언제든 남의 편으로 돌아설 수 있음을 알고도 정서적·경제적으로 의존한다면 또 당했을 때 충격과 상처는 더 클 것이다.

나를 변화시킨다.

남편은 바꿀 수 없지만, 나는 바꿀 수 있다. 나조차도 변화시키지 못하면서 타인인 남편이 바뀌어줬으면 하고 바라는 마음은 헛된 망상에 지나지 않는다. 남편에게 바라지 말고 나부터 바뀌는 것이 맞다. 시선을 남편에게서 거두고 나에게 집중해야 발전한다.

동네 맘에서 생계형 워킹 맘 마인드로

이혼을 준비하려면 마음부터 비장하게 먹자. '동네 맘 마인드'에서 탈피하는 것이 우선이다. 동네 맘 마인드는 나 자신의 성공 가능성을 축소시킨다. 나 또한 신도시에서 전업주부로 살면서 안일한 마음으로 살았다. 내가 할 수 있는 일은 그저 남편 뒷바라지와 자녀 양육이 전부라고 생각했다.

남편이 원했고, 나도 적응해 나갔다. 아이들 키우려면 24시간도 부족하게 느껴졌기 때문에 더욱이 다른 생각을 할 수 없었다. 엄마표 영어, 책 육아를 한다고 오리고 자르며 엄마표 교구 만들기를 하고, 교육 카페에 가입하여 다른 집 아이들은 어떤 책을 보는지, 엄마가 어떻게 놀아주는지 보느라 정신이 없었다. 그러면서도 매일매일 나는 아이들에게 부족한 엄마 같아서 미안한 마음이 들었다.

유아식을 매끼 새로 만들어 예쁘게 차려 사진 찍어 블로그에 올리는 엄마들을 보며 발끝만치도 따라가지 못하는 내가 한심했다. 그런데 동네 엄마들을 만나서는 비슷한 처지임을 확인하고 서로 위로했다. '그래, 다들 이렇게 살지. 나도 이게 최선이야'라며 스스로 다독이기도 했다.

처음에는 남편에 대한 분노에 '당장 취직하고 돈 모아야지'라며 재취업에 대한 열망이 들끓다가도, 이래저래 이력서를 검색하다가 이내 사그라들고 만다. '그 돈 번다고 생고생하느니 그냥 아껴서 적지만 돈을 모아야지' 하면서 현실에 주저앉고 안주하게 된다. '이혼 준비'는 없어지고 '참고 사는 여자'로 스스로 연민을 느끼면서 그렇게 또 시간이 흘러간다. 왜 그럴까?

30여 년간 일하는 엄마로 살아오고, 대기업 사장을 역임한 신미남 박사는 저서 《여자의 미래》에서 이렇게 썼다.

나에게는 '일을 포기한다'는 선택지가 없었다. 어떻게든 일과 육아를 병행하는 것만이 내가 택할 수 있는 유일한 선택지였다. 만약 내가 처음부터 굳게 결심하지 않았더라면 가혹한 시험을 버텨내지 못하고 일을 포기할 수밖에 없는 이유를 수백 가지 만들어냈을 것이다.

나는 헤어질 결심을 하는 여자들이 '생계형 워킹 맘 마인드'를 가졌으면 좋겠다. 자발적인 가장이 되었으면 좋겠다. 남편에게서 받은 상처를 독립을 위한 에너지로 전환했으면 좋겠다. 만약 남편으로부터 또 다른 상처를 받았을 때는 처음보다 덜 당황하고, 덜 아프고, 덜 비참했으면 좋겠다.

참고 살면 비참하지만, 나를 세우며 제2의 인생을 준비하며 살면 행복하다.

홀로서기 TIP ─────────────────────────────

경력이 단절되거나 새로 일자리를 찾아야 하는 여성을 위한 일자리를 제공해 주는 여성가족부에서 운영하는 여성새로일하기센터(saeil. mogef.go.kr) 같은 곳을 참고하자. 직업 훈련부터 취업 정보까지 제공한다. 각 지역마다 해당 센터가 있으니 방문해 보는 것도 추천한다.

3단계:
재산은
어떻게 할까

우리 가족은 남편 명의의 아파트에 살고 있었다. 절반이 은행 대출인 집이었다. 남편은 이혼을 요구하며 집을 부동산에 내놓았다. 이혼하지 않으면 집을 팔아버리겠다고 협박했다.

나는 부랴부랴 변호사 상담도 받고 백방으로 집을 지킬 방법을 알아보았다. 결혼생활 거의 10년, 아이도 둘이나 낳아 키운 전업주부도 남편의 재산에 권리가 있었다. 명의만 남편 것일 뿐, 결혼한 뒤에 일군 몫에 대해서는 절반이 아내의 것이지 않은가? 남편 마음대로 집을 처분하다니, 가당치 않은 소리였다. 하지만 법은 상식과 달랐다.

법적으로 이혼하기 전에는 재산 분할 청구는 불가능하다. 이혼을 원치 않는 사람이 상대방이 이혼을 염두에 둔다고 해서 우선적으로 자신의 재산을 지킬 방법은 없다. 내 경우 남편이 악의적으로 대출금을 갚지 않아 집이 경매에 넘어갔는데, 아내인 내가 대신 대출금을 납입하는 것도 불가능했다.

재산 분할에서 알아야 할 것

배우자가 외도 등 잘못을 저질러 이혼하게 되면 '자기가 잘못했으니 전 재산 놓고 몸만 나가야지'라고 생각하는 사람들이 많다. 하지만 아무리 큰 잘못을 저질렀다고 해도, 아니 큰 잘못을 저지른 유책 배우자일수록 재산도 악착같이 본인이 더 가져가려 하고, 한 푼도 양보할 수 없다는 태도를 띠는 것을 많이 본다.

재산 분할은 이혼의 책임이 누구에게 있는지와 관계없이 청구 가능하기 때문에, 오히려 이혼할 때 내가 가진 재산을 유책배우자에게 나누어 주어야 하는 경우도 생긴다.

재산 분할 대상은 부부의 공동재산, 부부 일방의 특유재산, 그리고 장래에 발생하는 퇴직금이나 적금, 연금, 그리고 채무 등이다. 재산의 종류 중 특유재산은 결혼 전부터 소유하고 있던 재산이나 부모에게 상속받은 재산 등을 말하며, 원칙적으로 재산 분할 대상이 아니다. 하지만 특유재산을 가진 자의 상대방이 해당 재산의 가치가 유지되거나 증가하는 데에 기여한 바가 있다

면 그러한 증가분에 대하여 재산 분할에 포함할 수 있다. "빚도
나눠야 하나요?"라고 묻는 사람들이 많은데, 당연히 빚도 분할
대상이다. 다만 그 빚이 부부의 공동재산 형성이나 생활비, 집
세, 의료비 등 가족의 공동생활을 유지하기 위해 쓴 비용인 경우
에만 분할한다.

재산 분할의 비율은 부부가 합의해서 정할 수 있다. 합의가 이
뤄지지 않으면 법원이 재산 형성에 대한 기여도, 혼인 파탄의 원
인과 책임 정도, 혼인 기간 및 생활정도, 학력·직업·연령 등 신분
사항, 자녀 양육 관계, 위자료 등의 사항을 종합적으로 고려해
정한다. 맞벌이 부부의 경우 소득 수준, 축적된 자산의 형성 경
위 등을 기준으로 기여도를 확인하며, 경제적 활동을 하지 않았
던 전업주부도 가사노동, 내조, 자녀 양육 등으로 부부 공동의
재산 형성에 기여했음을 인정받아 재산 분할을 받을 수 있다.

법원에서는 재산의 명의가 누구로 되어 있는지보다는 그 재산
의 형성 경위와 기여도를 가장 중요한 기준으로 둔다.

이혼해야 재산을 얻을 수 있는 아이러니

함께 재산을 불리면서 많은 기여를 했다고 해서, '배우자 재산
의 절반은 나의 것'이라고 믿는다면 착각이다. 재산에 대한 권

리는 철저히 명의자에게 있다. 부부는 '경제 공동체'라고 하지만 허울만 있을 뿐이다. 대부분의 재산이 배우자 명의로 되어 있다면, 이혼 전에는 법적으로 보장된 것이 별로 없다.

이혼을 원치 않을 경우에는 부부 공동재산이라고 생각했던 집을 남편이 독단적으로 판다고 해도 막을 방법이 없다. 이혼할 때는 재산 형성 기여도를 따져 남편 재산의 절반이 내 것이라고 인정받을 수 있을지 몰라도, 이혼하기 전에는 오직 명의자만 재산 처분의 권리가 있기 때문에 배우자는 막을 방법이 없다. 오히려 이혼을 해야 내 몫의 재산을 지킬 수 있다. 아이러니한 일이다.

양성평등, 부부평등을 위해 가족법 개정 운동을 이끌어 온 한국가정법률상담소에서는 '혼인 중 재산 분할'을 아래와 같이 주장하기도 한다. 나도 전적으로 동의한다.

현행법상 재산 분할 청구권은 이혼의 성립을 전제로 하는 권리이다. 이 때문에 이혼을 원하지 않는데도 재산을 보호하기 위하여 이혼을 해야만 하는 경우도 생기고, 재산의 명의를 가진 부부의 일방이 경제력을 독점하여도 재산을 보호할 방법이 없다. 따라서 부부의 일방이 장기간 부양의무를 이행하지 않는 경우 또 부부의 일방이 재산을 낭비하거나 다른 일방을 사해할 목적으로 재산을 처분하는 경우 등에는 반드시 이혼 절차를 거치지 않고서도 재산 분할이 인정되도록 민법이 개정되어야 한다.

나는 상담할 때, 부부의 공동재산 중 집만큼은 반드시 공동명의로 하길 권한다. 이혼할 때는 재산 분할에 명의가 큰 의미 없다 하더라도, 이혼 전 배우자가 제멋대로 재산을 처분하지 못하도록 하기 위해서다.

열심히 살았지만 내 것이 아닐 수 있다

누군가가 남편에게 귀책사유가 있으니 이혼하고도 아내와 아이들의 생계를 책임져야 한다고 말한다면 그것은 허황된 바람이라고 대답하고 싶다. 이혼 전이라도 생활비를 끊은 남편에게 생활비를 받아낼 수가 없다. 애정과 책임감이 없어진 남편에게는 그 어떤 의무도 기대할 수가 없고, 법적으로 보장된 것도 없다.

'부양료 청구소송'이라는 것이 있지만, 노동 능력이 있는 사람은 부양료 청구를 해도 받아들여지지 않는다.

<u>부양료 청구소송은 중증 환자이거나, 장애인이거나, 임산부처럼 경제활동이 불가능해야 한다.</u>

한 마디로, 이혼하기 전에는 부부 공동재산에 대한 권리도 주장할 수 없고, 남편에게 부양의 의무나 양육의 의무를 물을 수도 없다.

많은 전업주부들이 '남편 명함이 내 명함, 남편 돈이 내 돈'이라는 생각으로 남편을 내조하며 살아간다. 아이를 키우고 살림하는 역할은 아내가, 가족의 생계 부양은 남편이 담당하는 역할 분담을 받아들인다. '나도 사회생활 할 수 있는데, 내가 집에서 살림하려고 대학 나온 게 아닌데'라는 생각이 들기도 하지만, '남편이 잘 되면 우리 가족이 잘 되는 거지'라고 생각하며 자신의 꿈은 접고 남편 내조에 힘을 쏟는다. 자녀도 마찬가지로 좋은 학교에 들어가거나 수능 성적을 잘 받는 것이 곧 전업주부의 성취로 평가된다.

하지만 남편이나 아이가 이룬 성과는 내 것이 아니다. 남편이 이룬 빛나는 성과로 내가 덩달아 밝게 비춰지는 것이지, 내 스스로 내는 빛이 아니다. 가족이라는 환상 속에서 우리를 남편과 자녀와 지나치게 동일시하는 것은 아닐까? 남편은 도장 찍으면 남이고, 자녀는 내 품을 떠나면 남이나 다름없는 독립된 인격임을 인식해야 한다.

나는 하루에도 몇 번씩 이러한 말을 듣는다.

"없는 살림에 알뜰살뜰 아이 키우고 내조해서 남편을 대기업 임원 만들어 놨더니 회사 근처 술집 여자와 바람이 났어요."

"늘상 사업 말아먹다가 이제야 자리 잡아 어깨 좀 펴더니 그동안 행복하지 않았다며 이혼을 요구하네요."

아내가 얼마나 고생을 했든, 정작 남편이 배신하고 이혼을 요구할 때는 을의 입장이 된다. 대기업 임원 사모님에서 '할 줄 아는 것 없는 중년'으로 지위가 떨어진다. 내가 이룬 지위, 내가 번 돈, 내가 공부한 지식, 내가 가꾼 건강 아니면 별 의미가 없다.

이혼 전에 남편이 생활비를 끊거나 재산을 마음대로 처분해도 손 놓고 당할 수밖에 없는 현실이다. 남편 재산에 대한 권리를 주장하려면 이혼을 해야 하다니, 사실상 '축출 이혼' 당하는 것이나 다름없다.

홀로서기 TIP ———————————————————

부양료 청구 소송은 민사 소송법 중 가사 소송에 해당하는 것으로, 부양받는 사람이 부양할 의무가 있는 사람에게 소송을 걸 수 있는 법이다. 주로 노인, 임산부처럼 경제 활동이 불가능한 사람이 권리를 주장할 수 있다.

그러나 "부부간 부양의무는 혼인 관계의 본질적 의무로서 부양받을 자의 생활을 부양의무자의 생활과 같은 정도로 보장하여 부부공동 생활을 유지할 수 있도록 하는 것이다. 따라서 혼인이 사실상 파탄되어 부부가 별거하면서 서로 이혼 소송을 제기한 경우라 하더라도, 특별한 사정이 없다면 이혼 판결로 법률상 혼인 관계가 완전히 해소될 때까지는 부부간 부양의무가 소멸하지 않는다고 보아야 한다"고 밝힌 대법원 판례가 있다(대법원 2022스771 판결).

이혼 소송을 제기하거나 혼인 관계가 파탄에 이른다 하더라도, 실제로 혼인이 완전히 해소되기까지 부양 의무가 사라지지 않는다는 내용이다. 그리하여 남편으로부터 부양받던 아내의 생활이 무너지지 않고 이혼 후 홀로서기를 준비할 수 있게 되기를 기대해 본다.

4단계:
정서적 독립과
경제적 독립

미희 씨 남편은 벌써 세 번째 바람을 들켰다. 처음 두 번은 남편이 잘못했다고 싹싹 빌고 미희 씨가 원하는 대로 각서도 쓰고 경제권도 넘겨주어 믿고 넘어갔다. 하지만 이번에 들키자 예전과는 달리 적반하장으로 먼저 이혼을 요구하고 반성 없는 태도를 보였다. 미희 씨는 당황했다. 그녀도 더 이상 남편을 신뢰할 수 없다는 생각에 협의이혼 서류를 내밀었다. 사실 그녀는 이혼에 대한 확고한 생각은 없었다. 남편이 어떻게 나오는지 한번 시험하고 싶었고, 이혼 직전까지 가면 남편이 다시 마음을 돌릴 것이라는 기대도 있었다.

역시나 남편은 막상 이혼 서류를 보니 자세를 낮췄다. 미희 씨는 혼란스러웠다. 남편이 계속 바람은 피우면서 왜 이혼은 안

하려는지, 무슨 속셈인지 알 수가 없었다. 다시 바람을 안 피운다는 보장도 없다. 그렇다고 그녀가 먼저 이혼 소송을 걸어 이혼할 필요는 없을 것 같았다. 이혼한다는 생각을 하면 겁도 나고 지금까지 참고 산 것이 억울해서 이혼을 망설였다.

바람을 피운 남편과 사는 아내들의 전형적인 이야기이다. 남편이 길길이 날뛸 때는 이혼하고 싶다가, 남편이 수그리면 또 이혼이 망설여진다. 내가 이혼을 원하는지 원치 않는지조차 판단이 안 된다. 이혼의 기준이 남편에게 있기 때문이다.

이혼을 100퍼센트, 아니 120퍼센트 원할 때 이혼해야 후회가 적다. 만약 결혼을 후회한다면, 이혼도 후회 없이 더 신중하게 생각해야 한다. 그런데 긴가민가하다면 아직 이혼할 때가 아니다.

결혼은 신중하게, 이혼은 더 신중하게

'결혼은 신중하게, 이혼은 더 신중하게' 해야 한다. 감정적이고 충동적으로 이혼을 결정해서는 반드시 후회가 찾아오기 때문이다. 결혼은 잘못하면 이혼으로 바로잡을 수 있지만, 이혼은 잘못하면 어찌할 방법이 없다.

배신감, 억울함, 복수심 등 강렬한 감정과 빠른 결단력에 실행

력까지 더해지고, 주변의 동기부여와 응원까지 곁들여져 신속하게 이혼을 실행하는 사람들이 있다. 그런 사람들일수록 이혼의 후폭풍을 세게 받는 것을 많이 보았다.

감정의 소용돌이에 휘말리더라도 흙탕물이 가라앉도록 잠잠히 기다리고, 상황에 대한 판단을 객관적으로 할 수 있어야 한다. 감정보다는 '이혼 후 나의 형편'을 먼저 고려하여 득과 실을 계산해야 후회가 적다. 남편이 나쁜 놈이기 때문에 남편에게서 벗어나기 위한 이혼을 목표로 삼으면 안 된다. 이혼 기준은 남편이 아닌, 나에게 있다.

아직 정서적, 경제적 독립이 되지 않았다면 이혼하지 않아야 한다. 정서적으로 남편에게서 독립해야 경제활동에 집중할 수 있다. 경제적으로 남편에게서 독립해야 정서적으로 완벽히 홀로 설 수 있다.

내 상황을 객관적으로 바라보아야 한다. 남편에 의해 실망과 좌절, 불안과 우울 같은 감정이 든다면 아직 남편에게 기대가 있다는 뜻이다. 또는 남편에 대한 극심한 분노가 있다면 아직 남편이 내 마음 속에 있다는 반증이다. 남편은 아내를 함부로 대해도 아내가 아무 것도 못한 채, 남편에게 의존하여 늘 그 자리에 주저앉아 있을 사람임을 일찌감치 간파했다. 그리고 점점 그

학대의 강도가 더해져 간다.

미희 씨는 무엇을 원하는 것일까? 남편이 여자를 정리하고 돌아와 자신을 사랑해 주길 바라는 것일까? 그건 아닌 것 같다. 그러지 않을 사람임을 이미 잘 알고 있다. 그녀가 원하는 것은 남편의 행동이나 말에 괴로워하지 않는 것이다. '이 남자에게 신경을 끄는 것', '이 남자가 뭘 해도 영향을 받지 않는 것'일 것이다. 가장 빠른 방법은 그를 떠나는 것이다. 하지만 경제적 독립이 되지 않아 당장은 이혼을 할 수 없다. 잔인한 현실이다.

남편이 주는 돈으로 살면서 경제적 독립을 위해 노력해야 한다. 이것이 진짜 이혼하기 위해 할 일이다. 이렇게 원하는 바와 현실을 알면 목표가 생긴다. '돈을 벌어야겠구나'라고 당장 나가 아르바이트를 해서 원룸 보증금이라도 모으고, 집에 있는 금붙이라도 팔아서 변호사 선임비라도 만들어야 이혼을 할 수 있다. 남편에게 "나가서 너한테 이혼 소송하게 1,500만 원 달라"고 할 수는 없는 일이다.

누군가 나를 부양해 주지 않으면 입에 풀칠하기 위해 나가서 일해야 하는 것이 자본주의 사회다. 내가 내 껍데기를 깰 용기가 없다면 현실을 그저 받아들여야 한다. 남편 그늘에서 몸 편하게 살면 된다. 그런 결혼생활도 결코 패배가 아니다.

내가 경제적 독립을 못할 사람이라는 것을 받아들이면 남편과 사랑 없이 살아도 그다지 비참하지 않다. 무엇보다 내 자식을 위한 선택이다.

정서적 독립과 경제적 독립은 세트

정서적 독립과 경제적 독립은 세트이다. "살림 제대로 하고 아이들 확실히 안 돌볼 거면 직장 다니지 마. 누가 돈 벌어 오래? 집에서 살림이나 해. 푼돈 번다고 나 귀찮게 하면 나 못 참아" 하는 남편의 말에 기죽지 않고 경제활동을 하려면 정서적 독립이 우선이다. '남편이란 존재가 별 거 아니구나' 싶은 생각이 들고, 내 손으로 돈 벌며 사회 경험을 쌓다 보면 경제적 독립도 저절로 된다.

간혹 어떤 아내들은 '이혼하고 직장 다닐 거예요', '이혼하고 국비 교육 받으려고요'라는 계획을 내놓지만, 이혼 전에 못한 것은 이혼 후에는 더 못한다고 봐야 한다. 이혼 뒤로 미룬다는 말은 안 한다는 이야기나 다름없다. 당장 직장이든 배움이든 시작하고, 남편이 방해를 해도 묵묵히 내 계획대로 하면 된다.

물론 결혼생활에서든 인생에서든 돈이 전부는 아니고 돈이 제일 중요하지 않다. 부부 사이의 사랑도 중요하고 자존심도 중요하고, 세상에 돈보다 중요한 것은 너무나 많다. 하지만 이혼한 사람에게는 돈이 제일 중요하다고 봐도 과장이 아니다. 남편에게 재산 분할, 위자료, 양육비도 많이 받아야겠지만, 매달 내가 버는 돈이 더 중요하다. 돈이 제일 중요하진 않지만, 우리의 삶의 질을 결정하기 때문이다.

홀로서기 TIP ────────────────────────────

진짜 배우자에게서 벗어나고 싶으면, 이혼 전에 먼저 정서적 경제적 독립을 해야 한다. 이혼한다고 독립이 저절로 되지는 않는다.

배우자와 평생 함께하지 못한다는 것을 알았으니, 내 인생의 운전대를 내가 다시 꽉 잡아야 한다. 못 믿을 배우자에게 그대로 맡겨두거나 이혼하고 다른 사람에게 또 운전대를 맡기지 말자.

양육비와
면접교섭권

아이 한 명을 키우는 데 돈이 얼마나 들까? 〈동아일보〉가 만든 인터랙티브 사이트 '요람에서 대학까지 : 2019년 대한민국 양육비 계산기(baby.donga.com)'에서 내놓은 통계에 따르면, 월 소득 기준 299만 원 이하 가구의 자녀 1인당 양육비용(대학 졸업까지)은 1억 7,534만 원, 300~399만 원 가구는 3억 3,469만 원, 400~499만 원 가구는 4억 5,918만 원이 든다고 한다.

월 소득이 300만 원대인 가정이라면, 초등학생에게 1,000만 원, 중학생에게 2,000만 원, 고등학생에게 2,700만 원을 1년에 쓰는 것이다. 월급쟁이가 10년 동안 번 소득을 아이 한 명 키우는 데에 모두 쏟아야 한다는 이야기이다. 만약 아이가 둘이면, 양육비를 위해 20년 동안 일해야 한다.

이혼하고 혼자 아이를 키우면 양육비가 덜 들까, 더 들까? 내 경험상 더 들면 더 들지, 덜 들지는 않는다. 한 부모가 아이를 키우면 맞벌이보다 더 빈틈이 생기기 때문이다. 수입도 줄고, 아이를 위해 쓸 수 있는 시간도 준다.

양육자가 아무리 시간과 노력을 갈아 넣어도 물리적인 한계는 존재한다. 어른 둘이 아이를 위해 감당하던 시간과 노력이 절반으로 주니, 그 시간과 노력을 다른 누군가 또는 무언가의 도움을 받아 메워야 한다.

가장 노릇을 하게 된 나 대신 내가 일하는 낮 시간에 아이를 돌봐 줄 사람이 있다면 정말 행운일 것이다. 그런 존재가 없는 집은 그저 방과 후 수업과 돌봄 교실, 학원 뺑뺑이를 돌릴 수밖에 없다. 그만큼 사교육비 지출이 늘어난다. 수입은 줄어들었는데, 지출은 늘어나는 현상이 벌어진다.

자녀 1인당 양육비

월 소득구간	미취학	초등학교	중학교	고등학교	대학교	합계
299만 원 이하	1,067	1,532	896	5,399	8,640	17,534
300~399만 원	4,571	5,899	6,302	8,057	8,640	33,469
400~499만 원	6,932	10,721	11,522	8,103	8,640	45,918

단위: 만 원

양육비는 얼마나 받아야 할까?

여성가족부가 실시한 2021년 한 부모가족실태조사에 따르면 비양육 부모로부터 양육비를 받지 못한 비율은 72.1퍼센트에 해당한다. 양육비 이행률이 고작 27.9퍼센트에 그치는 것이다.

많은 엄마들이 '내가 아이를 키우니 저 사람이 양육비를 다 부담해야 한다'라고 생각한다.

하지만 현실적으로 이혼 전 생활비 금액을 줄이지 않고 양육비로 주는 남자는 별로 없다. 내담자와 상담하면서 "평균적으로 아이 한 명당 70만 원 정도입니다. 저도 130만 원 받는답니다. 그마저도 꼬박꼬박 주면 다행이지요"라고 말하면 그 돈으로 아이를 어떻게 키우냐며 놀란다. 양육자인 사람은 아이를 키우는 노동력을 제공하는데, 그에 대한 대가나 보상은 전혀 없고 양육비를 공동 부담하는 셈이니 억울하다는 생각이 들 수 있다.

나도 처음에는 힘든 마음이 컸다. 안 하던 직장생활도 긴장되고 피곤해서 퇴근하고 집에 오면 녹초가 될 지경이었다. 하지만 아이들도 나만큼이나 적응하느라 힘들 테니 엄살을 부릴 수도 없었다.

아이들이 커 가면서 늘어나는 사교육비도 상상을 초월했다. 둘 다 영어, 수학 학원만 보내는데도 남편이 주는 양육비를 모두 소진했다. 특히 방학 때는 점심 급식이 없으니 난감했다. 나는 굶더라도 회사에서 허겁지겁 집에 와서 아이들 점심을 차려 주고 다시 회사로 달려갔다.

면접교섭권은 어떻게 될까?

아이를 못 키울 상황이고, 아이를 상대방이 잘 키울 것이라고 믿는 사람들은 남편에게 양육권을 주고 이혼하는 경우도 많다. 이런 경우 흔히 하는 위로가 '크면 다 엄마 찾아온다'라는 말이다. 난 이 말이 참 위선적이라는 생각을 한다. 아이가 클 때까지는 엄마가 대체 무엇을 하고 있다가, 크면 아이가 저절로 엄마를 찾는다고 생각할까?

비양육자라도 아이가 크는 동안은 부모 역할에 최선을 다해야 한다. 아이가 헷갈릴까 봐, 새 가족에 적응을 못 할까 봐, 정을 못 뗄까 봐 아이와 관계를 단절하는 부모가 많다. 비양육자가 아이를 만나고 싶어도 양육자가 허락하지 않는 경우도 많다. 하지만 '면접교섭권'은 부모의 권리이고 또한 아이의 권리이다.

면접교섭권은 아이와 부모의 권리

민법에는 '자를 직접 양육하지 아니하는 부모 중 일방은 면접교섭권을 가진다(837조 2의 1항), 가정법원은 자의 복리를 위하여 필요한 때에는 당사자의 청구에 의하여 면접교섭을 제한하거나 배제할 수 있다(837조 2의 2항)'라고 규정한다.

이는 면접교섭권이 양육권과는 달리 양육하지 않는 부모의 고유한 권리이기 때문에 자식의 복리에 해가 되지 않는 한 면접교섭권을 가진다는 뜻이다. 아이에게도 양쪽 부모의 사랑을 듬뿍 느낄 권리가 있다.

아이가 어색해하고 눈치를 본다고 양육자를 탓하는 비양육자가 많다. 양육자가 아이에게 비양육자와 친하게 지내도록 교육할 의무는 없다. 아이를 중간에 두고 어른끼리 오해하고 기싸움을 하다 보면 아이 마음만 힘들어진다. 각자가 '나 하기 나름이다'라고 생각하고 최선을 다하면 될 일이다. 그저 아이가 즐겁고 좋은 시간을 보내면 족하다는 마음을 가져야 아이도 편안하게 면접교섭을 즐기고 올 수 있다.

나에게 상담했던 한 내담자는 '양육비도 안 주고, 자기 보고 싶을 때 와서 자기 욕구만 채우고 가는 비양육자에게 아이를 보여 주는 게 맞냐'고 물었다. 아이를 생각하면 보여 줘야겠고, 괘씸하다는 생각이 들어 보여 주기는 싫은 마음인 것이다. 이럴 땐 무조건 아이 기준으로, 아이에게 무엇이 제일 좋은지를 생각해야 한다. 아이를 만나게 해 주되, 비양육자 멋대로가 아닌 규칙적인 주기로 면접교섭을 하도록 구조화할 필요가 있다. 보통 2

주에 한 번이지만, 한 달에 한 번도 좋다. 아이가 다섯 살만 되어
도 요일과 달력을 이해한다.

많은 사람들이 이혼하고 혼자 아이를 키우는 일을 두려워한
다. 아직 해 보지 않은 일은 누구에게나 두렵다. 그런데 정말 마
음속 깊이 생각해 보자. 아이들을 안 키우면 정말 더 편하게 잘
살 수 있을까? 더 많은 것을 이루고, 돈도 더 많이 모으고, 더 많
은 것을 가진 사람이 될까?

나의 경우, 엄마니까 더 열심히 살 수밖에 없고, 목표를 가질
수밖에 없고, 정신을 바짝 차릴 수밖에 없었다. 하루를 열심히
살아내고 저녁 식탁에 앉아 아이들과 눈을 마주칠 때, 부끄러움
이 없는 엄마가 되고 싶어서 열심히 살았다.

용기를 내자. 엄마 아빠 역할까지 해야 하지만 아이들을 생각
하면 지칠 수 없다. 당신도 할 수 있다.

홀로서기 TIP

비양육자는 아이를 주기적으로 만나 아이가 크는 모습을 지켜볼 권리
가 있다. 아이도 한 달에 한두 번이라도 부모의 사랑을 듬뿍 느낄 권리
가 있다. 비양육자가 아이에게 사랑을 준다 해서 아이가 다른 가족에게
받을 사랑을 빼앗거나 적응을 방해하는 것이 아니다. 어린이집에서 부
모와 떨어지는 연습을 하는 것처럼, 그 환경에 또 금방 적응을 하고 익

숙해지는데, 그 적응 기간을 어른들이 배려해 주지 않는 것이다. 가끔 만나도 아이와 만나는 시간에는 밀도 있게 사랑을 주기 위해 노력하면 아이와 계속 관계를 잘 유지할 수 있을 것이다.

헤어질 결심부터 홀로서기까지

6단계:
의지하기보다
홀로서라

첫째 아이가 돌도 안 된 아기였을 때, 남편과 다투고 아이를 데리고 혼자 친정에 갔다. 친정엄마는 왜 다퉜는지 물어보지도 않고 혼자 안절부절하며 내 눈치를 보았다. 내가 애써 태연한 척, 괜찮은 척했지만 엄마는 내 표정 뒤에 숨겨진 근심을 읽었다. 같이 저녁식사 준비를 하다가 엄마가 불쑥 말했다.

"까짓 거, 살다가 아니다 싶으면 돌아와! 친정에 엄마 아빠 있는데 뭐가 걱정이야!"

그 말을 들으니 정신이 번쩍 났다. "아니다 싶으면 돌아와"라는 말은 두고두고 내 마음에 남았다. 이혼할 때도 엄마의 이 말이 나에게 용기를 주었다. '아니다 싶으면 이혼하는 거지, 이혼한다고 죽지 않는다. 이혼해도 엄마 아빠는 너를 탓하거나 창피해하지 않을 거야'라는 뜻으로 받아들여졌다. 엄마의 말 한마디가 내 안에서 나를 응원하고 있었다. 덕분에 내 신세를 크게 비관하고 절망하지 않았다.

그러나 친정 도움도 한계가 있다

많은 사람들이 이혼하면 부모와 함께 살 생각을 한다. 아이를 맡기고 직장생활을 해야 하거나, 따로 집을 얻을 형편이 되지 않으면 아이들을 데리고 부모의 집으로 들어간다.

상담하며 내담자가 "다행히 친정 부모님이 흔쾌히 도와준다고 친정으로 들어오라고 해서 그렇게 하기로 했어요"라고 말하면 참 다행이라는 생각을 하면서도, 한편으로는 친정에서 그녀가 겪을 일에 대해 앞서 걱정되기도 한다. 이혼하고 친정에 더부살이 하며 친정 부모와 육아 갈등을 겪기도 하고, 생활비 부담 때문에 스트레스를 받는 사례를 많이 보았기 때문이다.

부모와 같이 사는 자녀는 '내가 부모를 챙기고 모신다'라고 생각한다. 그러면서도 아직 이혼의 상처가 아물지 않고 의존적인 성향의 사람은 친정 부모가 자기의 상처를 이해하고 좀 쉴 수 있게 편안하게 해 주길 바란다.

남편에게서 독립하기 위해 친정에 의존했다가는 친정 식구들과도 불화를 겪을 수 있다. '친정에서 아이 좀 키우고, 돈 모아서 나와야지'라고 생각했다가 나중에는 편안함에 익숙해져 독립하기 어려워진다. '맘 추스르고 편하게 지내라'던 부모가 '언제까지 여기 있을 거냐'라고 한다. 이혼하고 친정 부모와의 관계도 씁쓸해지는 것이다.

나는 이혼 직후부터 독립된 살림을 꾸리기를 추천한다. 남편이 없어졌다고 내 가정이 사라지는 것은 아니다. 나와 내 아이들이 내 가족이다. 결혼해서 부모 슬하를 떠나 한 번 가정을 이루었으면 그것으로 독립은 이미 이루어졌다. 다시 예전 그 미혼의 딸로 돌아갈 순 없다. 이제 내가 내 가정의 가장이다.

이혼하고 아이들을 데리고 친정에 들어간 사람들이 의외로 친정 부모에게 섭섭해하는 것이 있다. '이혼하니 부모님이 내 아이들을 보는 시선이나 대우가 달라졌다'고 한다. 이혼 전에는 '아이고, 우리 예쁜 손자, 손녀'로 바라보다가, '이혼한 사위의 아들, 딸'로 거리가 생겼음을 느낀다는 것이다. 예전처럼 마냥 예뻐할 수 없고, 조금은 못마땅해 보이는 시선이다.

이혼하고 혼자 아이들을 키우는 딸이 안쓰럽고 가슴이 아프니 그렇게 보이는 것일 테다. 무심결에 본능적으로 그렇게 되는 것이다. 손자, 손녀가 아무리 예뻐도 '한 다리 건너'라는 말이 있다.

내가 내 아이들을 제일 사랑하듯이 부모님도 나를 제일 사랑하니까, 혼자된 딸이 고생할까 봐, 자식 때문에 힘들어할까 봐 손자 손녀를 볼 때 고운 눈으로 볼 수만은 없다.

그 미묘한 차이를 우리도 느끼는데, 아이들이 못 느낄 리 없다. 아이들은 더 예민하고 눈치가 빠르다. 아이들이 어떻게 느낄지 생각하면 마음이 편하지 않을 것이다. 하지만 아직 가부장적인 가족 문화에서, 성이 다른 외손주들에게 느끼는 거리감이 있을 수밖에 없다.

그럼에도 더 기를 쓰고 열심히, 즐겁게 살자. 부모님은 우리가 이혼했다는 그 사실이 아니라, 우리가 이혼 후에 불행해질까 봐 걱정한다. 이혼해도 당당하고 행복하게 살면 그게 바로 효도이다. 내 모습 그대로 인생을 묵묵히 책임지면 부모님도 힘을 보탤 것이다. 당장은 이혼이 불효라고 생각할 수 있지만, 불행한 결혼생활로 힘들어하는 모습보다 이혼하고 행복하게 잘 사는 모습이 진심으로 효도하는 길이다.

정부 지원금, 받을 수 있을까?

친정 도움뿐만 아니라, 정부 도움을 막연히 기대하는 분들도 많다.

"한 부모 가정 혜택이 많다던데요."

"한 부모 임대주택 들어가려고요."

"일단 이혼하고 정부 보조금 받으면서 취업 준비하려고요."

정말 큰일 날 소리다. 나랏돈을 타 먹는 일이 어디 그렇게 쉬운가? 내가 그 환상을 깨 주겠다.

정부 지원금을 받을 수 있는 방법은 다음과 같다.

하위 소득에 60퍼센트 이하일 경우

일단 '한 부모 가정'에 대한 용어 정리가 필요하다. 이혼하고 모자 가정이 되면 누구나 '한 부모 가정'이다. 그런데 그냥 한 부모 가정이라 해서 정부 지원을 받을 수 있는 것이 아니다. 법정 한 부모 가족은 「한 부모 가족지원법」에 따른 보호 대상 한 부모 가족이다. 소득 인정액이 기준 중위소득 60퍼센트 이하인 가족으로, 복지 급여 지원 대상이 된다. 아동 양육비로 자녀 1인당 월 20만 원 지원받고, 그 외 아동 연령별로 추가 지원이 있다.

'소득 인정액'은 그 가구의 소득 평가액과 재산의 소득 환산액을 합산한 금액이다. 쉽게 말하면, 월 소득(근로소득, 사업소득)에 재산을 월 소득으로 환산한 금액을 합산한 금액이 하위 60퍼센트에 속해야 한다.

한 부모 가족 아동양육비 등 지원 내용

구분	내용
지원 대상	• 저소득 한 부모 가족(소득 인정액 기준 중위소득 60% 이하), 양육되는 만 18세 미만의 자녀를 지원 대상으로 함. 다만, 취학 중인 경우에는 22세 미만을 말하되, 「병역법」에 따른 병역의무를 이행하고 취학 중(복학시만 해당)인 경우에는 병역의무를 이행한 기간을 가산한 연령 미만을 말함 * 한 부모 가족 증명서 발급기준 : 기준 중위소득 60% 이하
지원 내용	• 아동양육비 : 만 18세 미만 아동, 월 20만 원 지원 • 추가 아동양육비 : 조손 가족 및 모 또는 부의 연령이 만 35세 이상인 미혼 한 부모 가족의 만 5세 이하 아동, 1인당 월 5만 원 추가 지원 • 아동교육지원비(학용품비) : 중학생 및 고등학생 자녀 1인당 연 54,100원 지원 • 생활보조금: 한 부모 가족 복지시설에 입소한 가족, 가구당 월 9만 3,000원 지원 • 생계비(생활보조금): 한 부모 가족 복지시설에 입소한 가족, 가구당 월 5만 원 국민기초생활보장법에 의한 기초수급자 등 다른 법령에서 유사한 성격의 지원을 받는 경우에는 아동양육비, 추가 아동양육비, 생활보조금, 아동교육지원비는 중복하여 지원하지 않음

출처: 국가법령정보센터, 2023

예를 들어, 2023년 한 부모 기준 중위 소득 60퍼센트는 2인 가구는 2,073,693원, 3인 가구는 2,669,890원이다. 월 소득의 30퍼센트 공제를 적용하는 것을 감안했을 때, 월급이 2인 가구 280만 원, 3인 가구 350만 원 정도이면 소득이 높아 지원 대상자가 될 수 없다.

2023년 기준 중위소득 지원 기준

구분	가구원수	2인	3인	4인	5인	6인
2023년 기준 중위소득		3,456,155	4,434,816	5,400,964	6,330,688	7,227,981
생계급여 수급자 (기준 중위소득 30%)		1,036,846	1,330,445	1,620,289	1,899,206	2,168,394
한 부모 및 조손 가족	기준 중위 소득 60%	2,073,693	2,660,890	3,240,578	3,798,413	4,336,789
청소년 한 부모 가족	기준 중위 소득 65%	2,246,501	2,882,630	3,510,627	4,114,947	4,698,188
	기준 중위 소득 72%	2,488,432	3,193,068	3,888,694	4,558,095	5,204,146

출처: 국가법령정보센터, 2023

재산 소득 합산액을 반영해야 하는 경우

소득이 적다고 해도 재산의 소득 환산액 합산을 주목해야 한다. 재산은 주거용 재산(전월세 보증금 등)을 비롯하여 금융 재산, 자동차 등도 포함된다. 특히 금융 재산 산정 시 연금성 보험, 저축성 보험, 금융권 정기 예적금 등을 포함한 금융 재산도 모두 반영한다.

소득 인정 기준을 넘을 경우

생업에 꼭 필요한 자동차이거나, 생업용이 아니라면 차령 10년 이상이어야 하고, 10년 미만이라면 차량가액이 500만 원 미만이어야 한다. 즉, 500만 원 넘는 자동차를 갖고 있다면 무조건

탈락이다.

즉, 법정 한 부모 가족으로서 월 20만 원가량의 아동양육비와 임대주택 입주 등의 혜택을 받는 일은 낙타가 바늘구멍 통과하는 일만큼이나 어렵다. 월급은 최저임금 수준으로 받아야 하고, 재산도 거의 없다시피 해야 하고, 저축성 보험이나 연금 보험도 없어야 하고, 내 명의의 적금도 없어야 하고, 차도 없어야 하고, 차가 있다면 겨우 굴러가는 정도여야 한다. 가장 기가 막힌 것은, 전 배우자에게 받는 양육비도 소득 인정액에 포함된다는 것이다.

법정 한 부모 가족 혜택을 받겠다고 내 재산을 다른 가족의 명의로 돌려놓거나, 소득을 적게 신고하는 등의 편법을 쓰는 사람도 많다. 하지만 월 20~40만 원 받겠다고 이런 복잡한 꼼수를 부리는 것이 과연 맞나 싶은 회의감이 든다.

한편, 소득이 많고 재산이 있어서 법정 한 부모 가족은 될 수 없다면 감사한 일이지만, 그냥 한 부모 가정인 사람으로서는 씁쓸하다는 생각도 든다. 양쪽 부모가 다 있는 가족과 달리, 한 부모 가정의 가장은 혼자 아이들을 양육한다. 고생은 두세 배로 하는데, 법정 한 부모 가족의 소득 인정 기준을 초과한다는 이유로 정부의 경제적 지원이 전혀 없다는 것에 불만을 가지는 한 부모 가장이 많다. 말 그대로 '복지 사각지대'라는 것이다.

재산이 있어도 낮은 월 소득을 입증하면 받을 수 있는 저소득 가정 복지 지원이 몇몇 있다. 아이 돌봄 서비스, 급식 카드, 우리 아이 심리 지원 바우처 등은 일반 및 금융 재산은 반영하지 않고 소득 수준만 반영하기에, 건강보험료 본인 부담금 고지액 기준으로 일정금액 미만이면 선정 가능하다. 복지로(www.bokjiro.go.kr)에서 확인하고 챙겨 보자. 복지로 사이트에서는 중앙정부에서 운영하는 복지정책뿐만 아니라 지자체나 민간에서 운영하는 서비스도 모두 공개하고, 온라인 접수도 가능하다. 이런 복지 서비스는 아는 것이 힘이다.

가장 중요한 것은 자기개발 노력으로 내 소득을 높이고 재산을 불려나가는 것이 궁극적 목표임을 잊지 말자.

홀로서기 TIP ─────────────────────────────

국가법령정보센터에 가 보면 2023년도 한 부모 가족 지원 대상자에 대한 구체적인 범위가 나오니 참고해 보자.

소송할 때
필요한 것

   민애 씨는 어느 날, 남편의 지갑에서 신용 카드 영수증을 발견했다. 낯선 식당 이름이 나와서 검색해 보니, 유명한 신사동 가로수길 레스토랑이었다. 최근 들어 남편의 행동에 수상한 느낌이 들던 차였다. 민애 씨는 남편이 잠들자마자 주차장으로 달려가 남편 차의 블랙박스를 보았다. 레스토랑에 간 날짜와 시간에 녹화된 부분을 보니, 블랙박스 화면에 낯익은 여자 얼굴이 보였다. 그녀는 남편의 팔짱을 끼고 차 앞을 지나갔다.

   여자는 남편의 비서였다. 평소에도 비서 이야기를 자주 하던 터에, 그녀의 나이와 사는 동네를 민애 씨도 알고 있었다. 그간의 흐트러진 퍼즐이 맞춰지는 듯했다. 민애 씨는 당장 남편에게 따져 물었다. 남편은 딱 잡아떼며 도리어 민애 씨에게 화를 냈다. 의심하고 남편 뒷조사를 하는 의부증 환자와 어떻게 살 수 있겠냐고, 이혼하자고 오히려 큰소리를 쳤다. 민애 씨는 기가 막혔다. 민애 씨는 다음날 변호사 사무실을 찾아갔다.

변호사는 민애 씨의 말을 듣고 이렇게 물었다.

"그래서 이혼하실 건가요? 이혼을 할지 말지, 그것부터 결정하셔야 합니다."

민애 씨는 혼란스러웠다. 지금까지 어떻게 일궈 온 가정인데 젊은 비서 때문에 가정을 깨기는 싫었다. 하지만 이미 깨진 접시나 다름없는 관계를 다시 회복할 수 있을까? 시집살이할 때도, 아이들이 아파 고생할 때도 회사일 핑계로 무관심하던 그였다. 민애 씨는 지난 세월 고생한 자신이 불쌍하기도 하고, 남편이 원망스러워 북받쳐 울었다.

"저희는 이런 사례를 많이 봅니다. 이혼 안 한다고 상간자 소송부터 하셨다가도 결국 이혼으로 흐르더라고요. 그때 가서는 남편이 이미 재산도 다 빼돌리고요. 하루라도 빨리 이혼 소송 걸어서 남편이 재산을 못 빼돌리게 가압류부터 걸어야죠. 그리고 이혼 소송을 하면 현실을 깨닫고 돌아오는 경우도 봤습니다."

변호사는 자신이 이혼 소송 전문이고, 남편의 재산을 샅샅이 찾아 최대한 많이 재산 분할 받을 수 있도록 해 주겠다며, 울고 있는 민애 씨에게 휴지를 건넸다. 민애 씨는 아직 이혼에 대한 생각이 확고하지 않았지만, 자신의 이야기에 공감해 주는 변호사의 말을 믿을 수 있을 듯했다.

민애 씨는 변호사의 말대로 바로 이혼 소송을 했다. 그러나 소장을 받아든 남편은 기다렸단 듯이 변호사를 선임하고 반소를 제기했다. 그렇게 이혼 소송이라는 전쟁이 시작되었다.

민애 씨는 처음에는 남편을 겁주기 위해, 재산을 지키기 위해 이혼 소송을 했다. 하지만 시간이 흐를수록 이혼에 대한 자신이 없어졌다. 애초에 이혼을 하려고 변호사를 찾아간 것도 아니었다.

하지만 이제 와서 이혼 소송을 취하할 수도 없었다. 민애 씨는 남편과 한집에 살면서 이혼 소송을 하는 일이 너무나도 힘에 겨웠다. 남편은 이혼 소장을 받자마자 생활비를 끊었다. 민애 씨는 뭔가 수렁에 빠진 듯한 기분이 들었다.

상담실에 찾아온 사람들 중에 이렇게 이혼에 대한 고민과 자기성찰의 시간을 갖지 않고 변호사의 말만 믿고 이혼 소송을 하는 사람이 많다. 홀로서기 할 준비와 각오가 되어도 이혼은 어려운 과정이고 결혼생활에 대한 여러 후회가 남는다.

소송해서 얻을 재산은?

앞에서 말했지만 상간자 소송 위자료는 통상 1,000~2,000만 원 사이로 판결이 난다. 불륜 증거만 확실하면 거의 승소한다. 이혼하면 가정 파탄에 대한 상간자의 책임을 크게 물어 위자료가 올라가는데, 그래 봐야 1~200만 원밖에 차이 나지 않는다. 사실상 지역 차, 판사 개인차가 더 크다.

간혹 민애 씨의 사례처럼 배우자에게 겁을 주기 위해 이혼 소송을 하려는 사람도 있다. 이혼 소장을 보내는 일은 배우자에게 전쟁을 선포하는 바나 다름없다. 이미 핵폭탄을 날렸는데 그것을 회수할 수 있을까? 엎질러진 물이다. 가정의 소중함을 일깨우려는 원래의 의도와는 반대로 흘러간다. 잘못을 저지른 배우자는 반성하거나 가정이 깨진 것에 죄책감을 느끼기는커녕 이혼 소송을 제기한 배우자에게 분노와 배신감을 느낀다.

항간에 '재산이 100억 이상인 부부 아니면 이혼 소송하지 말라'는 말이 있다. 사실 일반 가정은 나눠 가질 재산이 빤하다. 숨기고 빼돌릴 재산도 별로 없다. 이혼 소송으로 서로 감정도 상하고 결국 변호사만 좋은 일 시키기 쉽다는 것이다.

결혼 10년 차 부부라고 해 보자. 결혼할 때 부모님이 해 준 전세 보증금에, 맞벌이하며 대출받아 구입한 아파트 한 채, 자동차 한두 대 정도면 살만한 중산층 가정이다. 이런 가정에서 부부가 나눠 가질 재산은 이렇다.

부모님께 받은 특유 재산은 다시 반납하고, 맞벌이하며 대출받은 아파트는 반씩 나누어 갖는다. 자동차도 각자 굴리던 것만 가지고 가면 된다. 재산 분할에 대해서 딱히 다툴 거리가 별로 없다.

그런데 배우자가 외도나 가정폭력 등 잘못을 저질러 배우자에 대한 분노가 극에 달한 사람들은 당장 배우자에게 벌을 주고 싶어 한다. 배우자의 유책 사유가 적힌 이혼 판결문을 기필코 받아내 배우자에게 주홍글씨를 박아 주고 나의 결백함을 보상받고 싶은 생각이 간절하다. 감정적으로 이혼에 접근하는 것이다.

법률 사무실을 찾아가 이혼 소송을 하고 싶다고 하면 '승소해 주겠다', '원하는 결과를 만들어 내겠다'라며 계약서를 내민다. 그들의 확신에 찬 약속에 자신의 아군을 얻은 듯 든든해진 사람들은 계약서의 조건을 자세히 살피지 않고 사인을 하고 수임료를 결제한다.

성공 보수라고 하면, '변호사가 나 대신 싸워서 배우자에게 받아내 주는 돈'에 대한 대가라는 생각을 하게 마련이다. 당연히 내 몫인 특유 재산이나 내 명의의 재산에 대해서는 성공 보수를 주지 않아도 된다고 생각하기 쉽다. 하지만 계약서상의 성공 보수는 부부의 전 재산에서 당사자의 몫으로 주어지는 재산 총합의 3~10퍼센트로 된 경우가 많다.

경황이 없는 상태에서 계약서를 꼼꼼하게 읽지 않아 후회하는 사람들이 많다. 어떤 사람은 재산 분할에 대한 성공 보수가 있는지도 모르고 계약하기도 한다. 위자료가 아닌 재산 분할이 더 중요하다. 재산 분할의 성공 보수에 대한 부분은 변호사마다 계약 조건이 다르고 얼마든지 협상 가능한 부분이니 확실히 짚고 넘어간다. 그리고 이혼 소송을 시작했다가도 이혼 조정으로 마무리되는 경우가 더 많기 때문에 조정으로 종결 시 성공 보수는 어떻게 되는지도 확실히 해 두는 것이 좋다.

주도권은 나에게 있다

서로 이혼에는 동의하지만, 양육비, 양육권, 재산 분할 등에 의견이 맞지 않아 협의이혼을 할 수 없을 때에는 조정이혼을 고려해 보는 것이 좋다. 조정이혼은 변호사 수임료가 소송이혼에 비해 저렴하고, 기간도 짧다. 예전에 사랑받은 드라마 〈사랑과 전쟁〉에서처럼 조정위원, 상담위원 등 점잖은 사람들이 중재하고 설득하며 부드럽게 진행이 된다.

이혼 소송을 시작할 때에는 감정적으로 지치기도 하고 복수심이 끓기 때문에 변호사가 내 모든 문제를 해결해 주리라 쉽게 믿는다. 하지만 유명 변호사를 믿고 거액을 주고 선임했는데 변호사와 소통도 안 되고 계약서 사인할 때만 보는 억울한 상황이 생길 수도 있다. 사무장, 실장, 국장과 소통하는 경우도 있다. 사건을 맡을 전담 변호사와 직접 소통할 수 있는지 미리 확인하고, 직접 상담하고 선임해야 한다.

그리고 내가 쓴 진술서를 토대로 작성한 소장이나 준비 서면을 법원 제출 전에 나에게 먼저 보여 달라고 요청해야 한다. 나보다 내 사건을 잘 아는 사람은 없다. 제출 전 확인하고, 수정할 부분은 수정을 요청하는 등 주도권을 가져야 한다.

이혼 변호사를 선임하는 일은 전문가의 전문 지식 도움을 받는 일이다. 이혼 소송은 짧게는 1년, 길면 3~4년까지도 걸리는 지난한 과정이다. 내 전 재산이 걸리고, 인생이 달린 문제이므로 결정과 선택의 주도권은 변호사가 아닌 나에게 있어야 한다.

홀로서기 TIP

이혼 전문 변호사 선임비용은 이혼 절차의 종류 및 이혼 시 재산 분할 금액, 사건의 난이도, 관할 법원과의 거리 등에 따라 달라진다. 정해진 금액은 없고 변호사마다 다르므로 직접 상담해 보고 결정해 보기를 추천한다.

이혼 전문 변호사란 대한변호사협회가 정한 등록 요건을 갖추고, '이혼'으로 전문분야를 등록한 변호사를 말한다. 법조 경력 3년 이상, 최근

3년 내 이혼 관련 사건을 30건 이상 수임한 변호사이므로 경험과 전문성을 확인할 수 있는 경력을 갖췄다고 볼 수 있다.

대한변호사협회에서 만든 '나의 변호사(klaw.or.kr)'에서 성명/전문분야/사무소 이름으로 변호사를 검색할 수 있으며, 지역으로도 검색하여 내가 사는 곳의 변호사 사무실을 찾을 수 있다.

3장

소중한

나를 위한

홀로서기의

기 술

홀로서기를 위한
마음 준비

"당신을 괴롭히는 문제의 90퍼센트는 당신 힘으로 바꿀 수 없는 것들이다. 그것을 인정하고 나에게 집중하는 것이 홀로서기의 시작이다."

　라라 E. 필딩의 《홀로서기 심리학》 표지에 적힌 문구이다. 저자는 15년 동안 다양한 사람들의 심리 문제를 상담하면서 한 가지 공통점을 발견했다고 한다. 겉으로 드러나는 양상은 달라도 마음속을 들여다보면 모두 홀로서기 문제와 연결된다는 사실이다.

　홀로서지 못하는 사람은 스스로를 부족하고 결핍된 존재로 인식하고, 타인이나 세상이 그 결핍을 채워 준다고 믿는다. 그래서 인정받으려고 지나치게 노력하고 자신을 혹사한다. 이런 노력이 계속된 실패를 겪으면 마음의 빗장을 걸거나 극도의 무기력에 빠지기도 한다. 이렇게 삶의 기준을 외부에 두는 한 계속 그에 휘둘릴 수밖에 없다.

예기치 않은 시련을 견디며 앞으로 나아가려면 삶의 중심을 단단히 잡아야 한다. 그 방법이 바로 홀로서기다. 저자가 말하는 홀로서기란 통제 가능한 일과 불가능한 일을 구분하고 삶의 주도권을 다시 나에게로 가져오는 것이다.

비난을 멈추고 내 인생을 책임질 때

배우자를 탓하는 진짜 이유는 무엇일까? 물론 배우자가 정말 몹쓸 짓을 했고, 무책임했으며, 인륜을 저버린 나쁜 사람일 수 있다. 하지만 그런 사람이라고 해서 우리가 평생 상대 탓만 하며 살 수는 없는 노릇이다. 배우자를 탓하고 그에게 분노를 표출하면 그 당시에는 속이 후련할지도 모른다.

나 또한 그랬다. 길바닥에서 외도한 전남편에게 평생 입 밖으로 내어 보지 않은 욕을 해 봤다. 전남편은 욕을 얻어먹고도 아무 대꾸도 못 했다. 결혼 후 처음이자 마지막으로 퍼부어준 욕이었다. 당시에는 후련했지만 그것도 아주 잠시뿐이었다.

파탄의 책임을 상대에게 돌리는 이상 분노의 불길이 사그라들지 않는다. 블랙박스를 돌려보고 "몇 대 몇"이라고 자동차 사고의 과실 비율을 단정짓는 일처럼, 결혼생활 전체를 돌려 보고 누구의 과실이 더 큰지, 파탄의 책임이 누구에게 있는지 판결을 낼수도 없는 일이다. 100퍼센트 상대의 과실이라 우길 수 없다. 각자 자신의 자리에서 최선의 선택을 한다. 전쟁 같은 이혼을 치루고 나면 모두가 희생자이다. 전쟁이 끝난 후엔 희생자들의 상처를 보듬는 일만이 남았다. 비난을 멈추고 홀로서기를 할 때가 온다.

내 불행의 원인을 외부에서 찾으면 내 삶의 주도권을 잃게 된다. '남편 때문에 불행하다'고 단정지으면, 영락없이 남편에게 끌려다니게 된다. 내 행복이 남편의 태도와 행동의 종속변수가 되어버린다. 남편의 일거수일투족에 온 신경을 집중하게 되고, 만족이 아닌 불만만 쌓인다.

남편과 결혼생활에 당위적 기대가 큰 아내일수록 남편에게 종속되는 것을 자주 본다.

"결혼생활은 이런 게 아니잖아요?"
"남편이 그러면 안 되는 거잖아요."
"정말 거짓말하는 것을 참을 수 없어요. 저런 남자를 제가 어떻게 믿고 살아요?"

대개 도덕적 기준이 높은 사람들도 그렇다. 이렇게 모든 시선
이 남편에게만 향해, 정작 자신이 결정하고 감당해야 할 일들은
외면하거나 놓치고 만다.

배우자가 바뀌지 않아서, 배우자가 자꾸 같은 잘못을 저질러
서 내가 불행하다면 이제 받아들이자. 사람은 절대 변하지 않는
다. 바뀌지 않는 사람의 모습과 반복되는 잘못이 바로 그 사람
자체임을 받아들여야 한다. 그리고 그 사람 자체는 문제가 없다.

그런 배우자를 떠나지 못하고 곁에 머물며 그에게서 시선을
떼지 못하고 좌지우지 당하고 있는 내 문제이다. 우리가 신이
아닌 이상, 사람을 바꿀 수는 없으며, 특히나 내가 눈물로 호소
하거나 죄책감을 불러일으키거나 협박하거나 논리로 설득하거
나, 심지어 자살소동을 벌여도 배우자는 바뀌지 않음을 받아들
이자.

내가 고칠 수 있는 사람은 오직 나뿐이며, 상황을 변화시킬 수
있는 사람도 나뿐이다. 나와 내 주변 상황을 책임질 각오를 하
면 내가 독립 변수가 된다. 내가 주도권을 가지고 내 삶을 사는
일이 배우자를 바꾸는 방법이기도 하다.

한 아내는 이런 말을 하기도 했다.

"제가 남편의 뒤꽁무니를 좇을 때는 남편이 쳐다보지도 않더니, 남편에게 신경 끄고 재밌게 사니까 남편이 오히려 저를 궁금해 하고 기웃거리고 가까이 다가오더라고요."

이혼은 처음부터 끝까지 독립의 영역

통제할 수 있는 것과 없는 것을 구분할 때 우리 인생은 유연해진다. 통제할 수 있는 내 감정, 생각, 행동에 집중할 때 진짜 어른의 삶을 살 수 있게 된다. 홀로 단단하게 살아가는 독립된 삶이다. 타인에게 의존하지 않고 스스로 선택하고 실행하고 책임지는 삶이다.

이혼한다고 새 인생이 저절로 펼쳐지지 않는다. 이혼은 처음부터 끝까지 독립의 문제이다. 이혼 여부보다 독립 여부가 더 중요하다. 서류만 정리한 채 배우자한테 의지하고 살거나, 다른 사람에게 또 의지하려면 이혼을 안 하느니만 못할 것이다.

반대로 서류정리를 하든 안 하든, 심리적으로 경제적으로 차곡차곡 준비해서 나 스스로 온전하게 홀로 설 수 있다면, 그게 바로 독립이고 진짜 내 인생을 사는 삶이다.

이혼을 탈출구나 돌파구로 생각하지 말자. 현실을 직시하고 회피하지 않고, 지금 벌어지고 있는 일들을 적극적으로 해결하려는 노력을 먼저 해야 한다. 그러면서 내 감정도 정리가 되고, 남편과도 서서히 거리를 두고 바라볼 수가 있게 된다. 그러다가 관계가 회복되면 좋고, 정 안되면 이혼은 내가 원할 때 언제든 할 수 있다. 이혼으로 해결되는 것은 아무것도 없다.

홀로서기도
연습이 필요하다

준비되지 않은 홀로서기는 재앙이다. 반드시 후폭풍을 겪는다. 이혼만 하면 유쾌, 상쾌, 통쾌할 줄 알았는데, 생각보다 후련하지만은 않다. 아무리 독립적이고 능력 있는 여자라도 후회는 남는다. 이혼한다고 마냥 즐거운 인생이 펼쳐지지는 않는다.

그렇다고 이미 부부간의 신뢰를 저버린 배우자를 믿고 평생 살아갈 수는 없는 노릇이다. 다시 믿고 의지하려고 노력해 보아도 공허함만 밀려올 뿐이다.

진짜 이혼하기 전에, 이혼했다 생각하고 살아보자. 남편에 대한 기대를 내려놓고, 이혼했다 생각하고 철저히 타인을 대하듯이 살아보는 것이다. 내려놓는 일이 쉽지 않고, 나 스스로를 갉아먹는 듯해도 정말 준비가 될 때까지는 이혼을 보류해야 한다.

경제력이 없으니 참고 살라는 이야기가 아니다. 이혼을 준비하는 마음으로 살아야 한다는 것이다. 남편을 죽이고 싶은 에너지, 이혼하고 싶어 죽을 것 같은 에너지를 나의 발전과 이혼 준비를 위해 써야 한다. 남편에게 쓰는 정신적 에너지를 줄여야 내가 산다.

배우자에게 영향을 받지 않는 단단한 나

이혼했다면 더욱 나 자신에게 집중해야 한다. 이 모든 일의 책임은 전남편에게 있다고 원망하고 탓하고 분노하며 시간을 보내는 일은 우리 인생에 도움이 되지 않는다. 반드시 거칠 수밖에 없는 과정이고 감정 해소에 도움이 되기는 하지만, 그것은 잠깐이다. 감정에 매몰되어 제자리걸음을 하며 스스로 피해자 역할에 심취해서는 앞으로 나아갈 수가 없다. 이혼을 하고도 상대방에게 내 안테나가 향해 있다면 내 인생에 집중할 수 없다. 내 인생을 원하는 방향으로 이끌어 가는 데에 내 에너지를 쏟아 부을 때다. 이혼을 하든 안 하든 우리 인생은 이어진다.

모든 상황은 중립이라는 말이 있다. 그 상황을 어떻게 해석하고 책임지느냐에 따라 결과는 판이하다. 우리가 가져야 할 것은 책임감이다. 내 인생에 벌어지는 모든 일은 내가 책임지고 통제

한다는 주체 의식이다. 이 상황을 어떻게 해석할지에 따라 앞으로의 미래가 달라진다. 영원한 피해자로 남을지, 같은 일이 다시는 일어나지 않도록 예방하거나, 다음에 또 이런 일이 발생할 때 받을 부정적인 영향을 최소화하도록 노력할지는 우리의 선택에 달렸다.

간혹 사람들이 나에게 "젊은 나이에 애도 둘이나 되는데 이혼하고 어떻게 그렇게 꿋꿋하게 잘 사세요?"라고 묻곤 한다. 이혼이라는 암흑을 통과하고 있는 아내들이다. 나는 지금도 그때의 절망과 비참함, 말로 할 수 없는 온갖 비통한 감정을 기억하고 있지만, 잊어버린 듯이 산다. 밤새 가슴을 치며 울고, 자는 아이들을 바라보며 흐느끼고, 남편과 상대 여자에 대한 분노에 몸부림치던 서른세 살의 나를 기억한다.

지금도 그들의 뻔뻔한 표정, 당당한 말투가 또렷이 기억난다. 어떻게 그 기억을 잊을 수 있을까? 사고로 인해 생긴 평생의 흉터라고 생각할 수밖에 없다. 단지 시간이 지날수록 새살도 돋고, 그 위에 화장도 칠하면서 멀쩡한 척 살아낼 뿐이다. 지금 이 글을 쓰면서 생각해 보니, 지금 다시 그때의 고통을 또 겪으라면 살아낼 자신이 없다. 차라리 죽는 게 나을 것 같다. 배우자 외도란 그런 고통이다.

솔직히 이혼은 내 선택이 아니었다. 이혼할 수밖에 없는 상황까지 버티다가 받아들인 것뿐이다. 이혼 결정은 타의적이었지만, 꿋꿋하고 떳떳하게 잘 사는 것은 내 선택이었다. 난 낭떠러지로 떠밀리는 동안에도 살기 위해 몸부림을 쳤다. 나의 인생을 책임지고자 했다. 갑작스럽게 생활비를 끊고 가출한 남편을 대신해 가장이 되어야 했고, 아이들의 엄마로서 역할도 계속해야 했다. 아이들마저 무너지게 할 수 없으니 더 굳게 버틸 수밖에 없었다. 내가 잘못될까 봐 밤낮으로 걱정하는 부모님 생각을 하면 꼭 잘 살아내야 했다. 그렇게 몸부림친 결과, 낭떠러지에서 떨어지지 않고 서서히 날갯짓하며 날 수가 있었다.

만약 남편이 나를 이혼으로 몰아치지 않았더라면 나는 여전히 남편 바보로 살고 있었을 것이다. 남편이 내 인생을 책임져 준다고, 나의 가정은 행복하고 나 정도면 괜찮은 삶을 사는 사람이라고 나 자신을 속이며 살았을 것이다. 진짜 내가 원하는 바를 발견하지도, 능력을 키우지도 못했을 것이다.

남편이 바람난 것을 알고 이혼이 확실히 마무리되기까지 약 1년의 시간 동안 이혼을 농축해서 체험학습을 해봤기 때문에 이혼 후 나락으로 떨어지지 않을 수 있었다. 당신의 남편이 당신에게 당장 이혼하자고 요구하지 않는다면, '이혼 준비할 시간을 주니 고맙네'라고 생각하고 준비를 하자. 이혼하면 어떨지 미리 시뮬레이션을 하고, 그 결과로 해결 방법을 강구하는 것이다.

배우자는 내가 통제할 수 있는 대상이 아니다. 하지만 같이 살지 이혼할지, 이혼하지 않고 산다면 어떤 태도로 살지, 나의 어떤 것을 통제하고 책임질지는 결정할 수 있다. 또 이 같은 일이 벌어졌을 때 지금처럼 상처받고 좌절하지 않아야 한다. 스스로 피해자로 전락하지 않아야 한다. 궁극적으로, '배우자에게 영향을 받지 않는 단단한 나'를 목표로 살아보자.

홀로서기 TIP

휘저어진 흙탕물 아래 보이지 않는 자기 속마음을 들여다보고, 흙탕물 앙금이 가라앉을 때까지 기다려야 관계를 정리할지 말지 결정할 수 있다. 감정은 시간이 지나면, 그리고 들여다보면 볼수록 사그라들고 알아차리기가 익숙해진다. 내 감정을 이해하면 지금 어떤 결정을 할지 정리가 된다.

내가 변해야
상황이 변한다

상담에는 '목표를 설정하는 일'이 중요하다. 목표는 내담자를 괴롭게 하는 사람이나 환경을 변화시키는 것이 아니다. 내담자 자신을 변화시키는 것이다. 그 사람과 환경을 어떻게 받아들이고 어떻게 반응하느냐가 변화의 대상이다. 우리가 우리 자신의 습관이나 사고방식도 변화시키기 어려운데, 하물며 다른 인생을 살아온 배우자를 어떻게 바꿀 수 있을까? 나와 배우자는 상호작용일 뿐이다. 결국 내가 변해야 상황이 변한다.

정말 상황이 바뀌길 원한다면 나 자신이 악착같아져야 한다. 아니, 억척스러워져야 한다. 이혼하지 않고 남편을 바꾸고 싶어도 이혼 불사의 각오로 악착스럽게 남편에게 덤벼야 한다. 남자들이 생각보다 똑똑하다. 아내가 스스로도 변화하지 못할 사람,

이혼할 각오가 없는 사람임을 본능적으로 안다. 문을 열어놔도 도망가지 못할 사람이라는 것을 알면 더 함부로 대하고 학대한다. 옳고 그르고를 떠나, 그게 인간 사회의 뼈아픈 현실인데 어쩌랴.

나를 괴롭게 하고 한없이 낮아지게 만드는 남편에게 '나의 감정을 알아 달라', '계속 나를 먹여 살려 달라', '나를 책임져 달라'는 것은 모순적이다. 남편은 적군인가 아군인가? 적군 취급을 하면서 아군의 역할을 해 달라고 징징대는 꼴이다.

남편과의 사이에서 내 감정이 더 이상 좋아질 수 없다는 생각이 든다면, 내 영혼이 죽어간다는 느낌이 든다면, 이제 인정하자. 남편은 내 반려자가 아니다.

남편과의 사이에서 오랫동안 시달린 아내들은 학습된 무기력에 빠져 있다. 학습된 무기력이란 피하거나 극복할 수 없는 부정적인 상황에 지속적으로 노출되면서, 어떠한 시도나 노력도 결과를 바꿀 수 없다고 여기고 무기력해지는 현상을 말한다. 즉 자신이 어떤 노력을 기울여도 결과가 바뀌지 않을 것이라는 생각으로, 대처할 수 있는 상황에서도 아무런 시도를 하지 않게 된다. 그리고 의욕상실, 열등감, 우울에 빠진다.

학습된 무기력에서 벗어나기

불행에서 빠져나오려면 학습된 무기력에서 벗어나야 한다. 다음의 몇 가지 방법을 소개한다.

첫째, 몸을 움직이기를 권한다.

동네 공원을 몇 바퀴 도는 일부터 시작하라. 내가 통제할 수 있는 것은 내 몸밖에 없다. 운동을 하면 나도 뭔가 할 수 있다는 자신감이 생기고 내 삶에 대한 통제력을 되찾는 느낌이 든다. 상황을 대하는 자세도 달라질 것이다.

나는 아이들 유치원 보내고 곧장 공원으로 가서 10바퀴를 돌고, 헬스장에 가서 1시간 동안 운동을 했다. 무거운 몸은 두달 새에 7킬로그램이 빠졌다. 뭔가 할 수 있다는 자신감이 생기고 내 삶에 대한 통제력을 되찾는 느낌이 들었다. 그해 여름 들어 올린 바벨과 덤벨이 아니었으면, 이혼을 대하는 나의 자세도 달라졌을 것이다. 역시 체력이 필수다.

둘째, 이혼이라는 협상에서 좋은 위치를 선점하라.

남편에게 억눌렸던 아내라면 이혼에 있어서도 남편을 무서워하고 위축된다. 최대한 갈등 없이 좋게 이혼하고 싶겠지만, 좋게 이혼하는 방법은 없다. 만약 그게 가능하다면 누구 하나가 손해를 본 것이다.

불리한 조건으로 이혼하는 아내들은 양육권을 빼앗길까 봐, 이혼 안 해줄까 봐, 맨몸으로 쫓겨날까 봐 전전긍긍하다가 '그저 이혼만 해 주면 된다'라는 결론에 다다른다. 심리전에 밀려 재산상의 불이익을 감수하고 이혼한다.

이혼은 강렬히 원할수록 심리전에서는 약자의 위치에 서게 된다. 내가 직접 이혼을 해 보고, 상담을 하면서 수많은 사례를 지켜본 결과이다. 이혼을 갈망하는 사람은 협상에서 불리한 위치에 서게 된다. "이 조건 아니면 난 이혼 안 해. 나 이혼 안 해도 상관 없어"라는 배짱이 필요하다.

여행지에서 호객 행위하는 상인을 상대한다고 생각해 보자. '내가 원하는 가격에 물건을 팔지 않으면 나는 절대 사지 않을 거고, 어차피 팔고 싶은 건 당신이지, 나는 아쉬울 것 없다'는 태도로 대해야 물건 값을 많이 깎는다. '나 너한테 기대하는 바 없어. 나 하나도 안 아쉬워' 하는 태도가 협상에서 우위를 차지하는 방법이다. 그러기 위해서는 이혼하기까지 시간이 더 걸리더라도 조급해하지 않고, 내가 원하는 조건을 뚜렷하게 갖고 있어야 한다.

내 전남편이 처음 제시한 이혼 조건은 "내가 이 집에서 살게 해 줄게. 그리고 양육비는 200만 원 줄게"였다. 이혼하면 이 집의 절반을 준다 해도 할까 말까인데 '살게 해 준다'니 황당했다. 시간이 흐르고 남편의 불륜이 들통나 유책 배우자가 되고 나서도 남편은 나를 바보로 알았다. '내 명의 전셋집을 얻어 줄 테니 거기서 아이들 키우라'고 했다. 나는 남편의 이혼 소송에 기각으로 맞서고 있었다. 집 명의가 남편으로 되어 있었고 나를 협박하려고 집담보 대출을 갚지 않아 경매에 넘어갈 지경이었기 때문에 나는 극도로 불안했다. 기각 입장이라 집에 가압류도 걸 수가 없었다. 이대로 가다가는 집의 반도 못 건질 상황이 될 것 같았다.

당시 양육비도 못 받아 경제적으로 쪼들리는 나로서는 불안함에 잠을 이룰 수가 없었다. 그냥 그가 원하는대로 이혼해주고 그 상황에서 벗어나고 싶다는 생각이 간절했다. 하지만 한편으로는 배짱이 있었다. 최악의 상황이라도 길바닥에 나앉는 경우는 없을 거라는 생각이었다. 그리고 마음 속에 기준을 정했다. '이 집을 나에게 주는 조건 아니면 이혼 안 해.' 그리고 결국, 내가 원하는 조건으로 이혼했다.

내가 원하는 조건으로 이혼할 수 있었던 이유는 세 가지이다. 전남편의 뚜렷한 유책 사유, 그가 더 이혼을 갈망했으며, 나는 원하는 조건을 얻을 때까지 버텼다. 이혼 기각으로 맞서면서 끝까지 '이혼 안 한다'고 배짱을 부렸기에 가능했다. 말이 쉽지, 1

년 넘는 이혼 소송 기간 동안 전남편이 벌인 악독하고 치졸한 짓은 끝도 없었다. 하지만 그럴수록 내가 더 독해졌다.

셋째, 정당하게 재산 분할 받고, 양육비도 악착같이 따져서 요구하자.

기회는 한 번뿐이다. 이혼이 마지막 협상 기회이다. 이혼한 남편과는 미래가 없다. '나중에 양육비 더 달라고 해야지', '나중에 아이들 양육권 되찾아 와야지'와 같은 착각에 빠져서는 안 된다. 이혼하면 남는 것은 아이들과 돈밖에 없다.

넷째, 생계형 워킹맘이 된다.

이혼하면 사회적 지위가 변한다. 한 남자의 아내에서 주인 없는 여자로 지위가 하향한다고 생각하는 사람들도 있겠지만, 나는 반대로 생각한다. 이혼은 정말 큰 용기와 결단이 필요하다. 내 인생을 내가 책임지겠다는 결연한 의지를 가진 사람들이 바로 이혼한 사람들이다. 특히나 아이를 양육하는 사람들은 더 대단하다. 두 배, 세 배로 멋지다.

아무리 세상이 좋아졌다 해도, 대한민국에서 일하는 여자로 사는 일은 힘들다. 일하는 엄마는 더 힘들다. 날마다 세상과 싸워야 하고, 나 자신을 극복하며 살아야 한다. 하물며 이혼한 엄마는 거의 마녀같은 초인적인 힘을 발휘해야 한다.

악착같이 홀로서기

일하는 엄마가 매 순간 시험대에 오르며 '일을 포기하고 아이 곁을 택한다', '일하는 엄마로 산다'는 선택지 사이에서 갈등할 때, 이혼한 엄마는 선택할 수가 없다. 뒤도 돌아보지 않고 생계에 뛰어들어야 한다. 진정한 생계형 노동자, 가장이 되어야 한다.

나는 이혼하고 직장에 다니면서 스스로 끊임없이 밀고 당겼다. 힘들고 지칠 때는 '나는 혼자서 서너가지 역할을 하는 사람이야. 나는 지금 내 최선을 다하고 있어. 이보다 더 잘할 수 있는 사람은 없어. 내가 최고야'라고 생각했다.

때로는 이혼한 엄마로서 아이들에게 죄책감이 들기도 했다. 아이들과 함께 많은 시간을 보내지 못해 미안했다. 내 대학원 학비, 상담 수련 비용을 낼 때는 아이들의 돈을 쓰는 것처럼 미안한 마음이 들었다. 그럴 땐 나 스스로를 채찍질 했다. 아이들의 시간과 돈을 희생하면서 일하고 공부하는 것이니 더 열심히 해서 성과를 내야 한다고 나 자신을 격려했다. 내가 더 열심히 살고 좋은 결과를 내면 죄책감을 느낄 필요가 없다는 생각이 들었다. 그런 태도로 살았더니, 생계형 노동자를 넘어 자아실현형 사회인이 되어 있었다.

비록 현실은 생계를 위해 일할지라도, 마음속에는 꿈을 품은 마녀가 되자. 당장 입에 풀칠하는 것에 만족하고 집중하다 보면 큰 꿈을 실현할 창의력을 발휘하지 못하게 된다. 생계가 아니라 꿈을 이룬다고 생각하면, 상황을 개선할 아이디어가 떠오르고 힘을 얻게 된다.

홀로서기 TIP ─────────────────────────

이혼한 엄마는 이미 시험을 통과한 최적의 워킹맘이다. 악착같이 이혼하고, 악착같이 살아남자.

3년이라는 시간이 필요하다

"이혼하고 얼마쯤 지나면 괜찮아질까요?"

이혼 상담을 하러 온 내담자가 가장 많이 하는 질문이다. 그만큼 이혼의 과정이 고통스럽다는 뜻이다. 아무리 그동안 부부 사이가 좋지 않았고 이혼을 갈망하고 있었다 하더라도, 이혼이 힘든 과정임은 분명하다.

이혼은 어떤 순간적인 이벤트로 끝나지 않는다. 나라는 사람의 과거부터 현재, 미래까지 모두 연결되어 나의 모든 것을 흔들고 뒤집어 놓는 변화다. 도장만 쾅 찍고 법적으로 남남이 되어 그대로 일상을 살아갈 수 있으면 참 좋겠지만, 실상은 그렇지 않다.

가장 사랑했던 사람, 가족이라고 여기고 내 전부를 의탁했던 사람과 헤어져 이혼한다는 것은 정말 겪어보지 않은 사람은 모를 크나큰 고통을 안겨준다. 이혼은 나의 가치관과 세계관, 인간관과 영적인 부분까지 영향을 미친다. 존재하는 줄도 몰랐던 나의 깊숙한 곳의 속사람까지 갈기갈기 발겨진 느낌마저 든다.

이름 붙이기도 힘든 모호한 감정들이 혼란스럽게 뒤엉켜 나를 고통스럽게 만든다. 여태 느껴본 적 없는 부정적 감정이 밤이고 낮이고 나를 잠식한다. 나도 가출한 남편이 문을 두들기는 것 같은 환청, 길가는 여자가 모두 상간녀로 보이는 환시까지 겪었다. 밤에 아이들 재우고 혼자 소파에 앉아 있으면, 부엌에서 남편이 왔다 갔다 하는 듯한 느낌이 들었다.

'내가 남편을 그렇게 사랑했나? 아닌 것 같은데. 대체 내가 왜 이러지?'

그런 감정이 낯설고 공포스럽고, 내가 제정신이 아닌 것 같은 생각마저 든다.

나는 이혼한 지 5년이 지난 재작년까지 밤에 전남편이 쳐들어오는 악몽을 꿨다. 미치지 않은 것이 다행이다.

죽음과 같은 상실의 경험이었다

이혼은 상실이다. 가장 소중했던 것을 잃는 일이다. 자신의 일부를 잃는 것과 마찬가지이다. 내가 소중하게 생각한 배우자와 영원할 줄 알았던 결혼생활이 이혼으로 인해 끝을 맺는다. 나의 가장 찬란하고 희망찼던 젊은 날의 한 소절이 이혼으로 인해 악몽으로 변한다.

삶의 의미나 다름없었던 가정생활을 배우자의 배신으로 인해 박탈당하고 잃어버리게 된다. 마치 나와 아이들을 둘러싸던 가정이라는 울타리가 심하게 훼손당하는 것 같다.

억수로 쏟아지는 비로부터 나를 지켜 주던 큰 고목나무가 한순간에 없어지는 듯한 생각이 든다. 고목나무인 줄 알았던 배우자가 오히려 장대비를 내리게 하는 비구름이 되었다. 배신, 이별, 박탈, 상실이라는 단어로도 모자라, 그냥 '죽음' 그 자체이다.

관계의 죽음, 가정의 죽음, 희망의 죽음…. 누구보다 씩씩한 척 살아온 나도, 그때의 절망을 다시 겪으라면 잘 살아낼 자신이 없다. 당시 나는 농담 삼아 '이혼보단 사별'이라며 '차라리 남편이 죽었으면 좋겠다'고 생각했다.

남편이 사고로 갑작스럽게 죽었다면 사람들이 동정할지언정 비난은 하지 않을 것이다. 흠 있는 여자, 성깔 있는 여자라고 손가락질 하지도 않을 것이다. 이혼녀라는 꼬리표를 단다는 것이 두려웠고, 미래를 예상할 수 없으니 그 알 수 없는 미래가 두렵기만 했다.

특히 외도로 인한 이혼은 다른 이유로 이혼하는 것과는 다른 심리적 충격을 준다. 배우자의 외도를 경험한다는 것은 트라우마와 비슷하다. 많은 사람들이 그 트라우마 경험을 미처 다 소화하기도 전에 내가 원치도 않는 이혼 과정으로 접어들게 되는 것이다. 트라우마와 상실을 동시에 겪으며 원망과 분노, 죄책감, 불안과 공포, 무기력과 좌절감을 동시에 경험한다. 어떨 때는 아무 것도 느끼지 못하는, 내가 나 아닌 듯한 느낌이 들 때도 있다.

나 혼자서 이런 감정을 겪기도 힘든데, 일상을 살아내며 내 아이들의 고통까지 헤아리고 보듬어야 하니 정말 미칠 노릇일 것이다. 자녀들이 희망을 주기도 하고, 잘 살아낼 수 있도록 붙들어 주기도 하지만, 정말 힘들 땐 아이들마저 짐처럼 느껴지기도 할 것이다. 그러면서 부모로서 또 죄책감과 좌절이 더해진다. 왜 내가 혼자 아이들의 고통마저 감당해야 하는지, 배우자에 대한 원망과 분노도 더해진다. 함께했던 공간과 재산을 정리하는 등 이혼의 뒷정리도 결국 홀로서기를 하는 사람이 할 일이다. 괜찮은 척 살아갈지라도 괜찮을 수가 없는 이혼 후의 삶이다.

나를 위한 애도의 과정을 보내자

모든 상실에는 애도 과정이 필요하다. 애도 과정은 상실 후 휩싸이는 강력하고 복합적인 감정과 생각을 정리하면서 새로운 세상에 적극적으로 적응하기 위해 과업을 처리해 가는 과정을 의미한다. 이 애도 과정을 거치며 우리는 점점 일상을 회복하고, 이혼 전과 다른 나의 모습에 다시 자신감을 갖게 된다. 이혼 후의 삶에 적응하는 것이다.

나는 내 경험과 상담으로 만난 다른 사람들의 경험을 통해 이혼의 애도 과정을 다섯 단계로 나누어 보았다.

첫 번째, 수용의 단계이다.

우리는 여러 감정을 겪으면서 어찌할 바를 모르고 우왕좌왕하게 된다. 왜 이런 일이 생겼는지 이유를 찾고 싶고, 설명하려고 한다. 그러다가 우리 자신을 둘러싼 현실을 수용하고, 있는 그대로 받아들일 수 있게 된다. 이혼을 부정하고 온몸으로 저항하다가, 어느 순간 움켜쥐고 있던 손이 스르르 풀리며 집착을 놓게 된다. "이제 내가 이혼을 하는구나"라고 받아들이게 된다.

두 번째, 경험과 표현의 단계이다.

애도 과정에서 수반되는 고통을 오롯이 겪어내는 것이다. 심리적 고통을 억누르면 신체적 통증으로 나타나는 신체화가 일어나기도 하고, 고통을 회피하기 위해 술이나 약물에 의존하기도 한다. 억압하거나 회피하지 않고 온 마음으로 겪어내는 과정이 필요하다. 이미 내 인생에 벌어진 일이다. 고통을 충분히 경험하는 과정을 겪어야 건강한 회복의 길로 나아갈 수 있다. 이때 주변의 지지가 있으면 도움이 된다. 친구나 가족에게 표현하는 것도 한계가 있기 때문에, 인터넷 커뮤니티 활동을 하며 비슷한 상황에 놓인 사람들과 소통하는 것이 도움이 되기도 한다.

세 번째, 적응의 단계이다.

배우자가 없는 새로운 환경에 적응하는 것이다. 일상생활뿐만 아니라 내적이고 영적인 차원에서의 적응도 포함된다. 배우자가 하던 역할을 감당하게 되면서 배우자에 대한 원망이나 그리움이 더해질 수도 있고, 스스로 무능하다고 여겨지기도 한다. 하지만 시간이 지남에 따라 새로운 역할을 해내고 주변의 도움도 활용하면서 생활에 자신감이 붙는다. 작은 성공을 이뤄가면서 자존감도 회복된다.

네 번째, 연결의 단계이다.

과거의 나, 그와의 기억과 단절하는 것이 아니라, 오히려 전 배우자를 온전하게 기억하고 마음속에서 통합하는 단계이다. 이혼의 초기에는 배우자에 대한 부정적인 감정뿐이었다면, 연결의 단계에서는 감정이 분화되어 그에 대한 좋고 나쁜 감정을 그대로 느끼고 간직할 수 있게 된다. '나쁜 인간'이 아니라 '그래도 이런 점은 참 좋았어. 그 정도면 괜찮은 사람이었어'라고 생각할 수 있게 된다. 혼자의 삶에 적응하면서 전 배우자가 했던 역할에 대해 재평가하고, 오히려 감정 없이 전 배우자를 객관적으로 바라볼 수 있게 된다.

다섯 번째, 회복의 단계이다.

이혼 전 갈등과 이혼 과정에 온통 집중해 있던 심리적 에너지를 다시 내 삶으로 향하게 한다. 한바탕 난리법석을 치른 지난 과거와 거리를 둘 수 있게 된다. 다시 재미있고 즐거운 일상으로 돌아와 삶을 온전히 즐길 수 있게 된다. 과거에 대한 미련없이 미래를 직면할 수 있게 된다.

이 과정에서 주의해야 할 것이 있다. 나와 다른 이혼자들의 경험에서 비추어 보면, 이 과정에서 섣불리 새로운 이성을 만나는 것은 득보다 실이 많다. 아직 상처가 다 아물지 않은 상태에서 다른 사람을 만나면 서로에게 좋을 것이 없다. 알을 깨고 세상으로 나온지 얼마 되지 않은 병아리 같은 상태라고 생각하자. 누군가에게 의지하고 의탁해서 내 상처를 치유해 주길 바라는 것은 정말 바보 같은 짓이다. 어느 누구도 나를 나만큼 사랑하지 않는다.

술이나 유흥에 빠져드는 것도 조심해야 한다. 처음에는 억눌린 삶에 대한 보상으로, 또는 도피처로 술이나 유흥에 발을 담그는 경우가 많다. 갑자기 주어진 자유를 감당하지 못해 다소 방탕하게 생활하기도 한다. 시간이 지나면 자연스레 빠져나오기도 하지만, 자기 파괴적인 생활습관에 함몰되어 힘든 여생을 살아야 할지도 모른다.

우울한 마음을 극복하려고 일부러 활발하게 활동하거나, 잘 살아내고자 하는 욕심 때문에 과잉행동을 하는 경우도 많다. 일이나 학업, 운동에 몰입해서 고통을 잊는 것도 좋은 전략일 수 있지만, 과잉행동 때문에 오히려 내 마음을 잘 들여다보지 못하는 것은 아닌지 생각해 보아야 한다.

애도 과정은 정해진 순서대로 흘러가지 않는다. 잘 지내다가도 다시 거대한 감정의 파도가 밀려와 휩쓸리는 느낌이 들 때도 있다. 내 경험상 3년까지는 밀물과 썰물처럼 반복되며 그 과정을 거쳐 온 것 같다. 정해진 기간도 없고, 순서도 없는 사적인 체험이라, 이 글을 읽는 당신이 1년이 걸릴지, 5년이 걸릴지 아무도 모른다.

실제로 상담을 해 보면 벌써 수년 전의 이혼에서 미처 해결되지 못한 감정이 지금도 일상생활에 지장을 받는다는 사람도 많다. 이혼의 트라우마와 상실의 얽힌 실타래를 푸는 방법은 그것을 내가 온전히 겪어내는 것뿐이다. 회피하거나 억압하지 않는 것이다.

홀로서기 TIP ──────────────────────────────

괜찮은 척 한다고 정말 괜찮은 것은 아니다. 안 괜찮은 나를 포용하는 용기가 필요하다. 그래야 트라우마와 상실을 품고 더 큰 내가 될 수 있다.

부모로서
지켜야 할 것

　이혼 상담을 할 때 내담자가 가장 많이 털어놓는 걱정 중 하나
는 '아이한테 문제가 생기면 어쩌지?' 하는 것이다. 어른 둘이 아
이 하나를 키우기도 힘든 세상이라 출산율이 세계 최저 수준이
라는 우리나라에서, 둘이 아닌 혼자 아이를 감당해야 한다고 생
각하면 선뜻 용기내기가 쉽지 않다. 비단 경제적인 문제뿐만이
아니다. 아이가 어리면 여러 걱정이 생긴다. 부모의 이혼으로
아이의 애착에 문제가 생기지 않을지, 성격 형성에 악영향을 주
지 않을지 걱정된다.

　요즘 부모들은 너무나도 똑똑해서, 아이가 어떤 환경에서 자
랄 때 어떤 결핍이 생길지, 그 결핍이 나중에 어떤 문제를 초래
할지 예상할 줄 안다. 마치 집집마다 유아 교육 전문가가 있는

듯하다. 아는 만큼 걱정도 많고 걱정이 발목을 잡는다.

나 또한 그랬다. 이혼한다고 생각하니 별의 별 걱정이 다 들었다. 아이가 사춘기 때 심하게 방황하면 어쩌나, 불량 청소년이 되어 부모를 원망하며 길거리를 헤매지 않을까, 앞으로 아이 키우며 별일이 다 생길 텐데 남편 없이 나 혼자 감당할 수 있을지 걱정이 꼬리에 꼬리를 물었다.

아이 문제가 닥친다

아이가 크면 이혼하기가 쉬울까? 그것도 아니다. 아이가 다 컸다고 해서 걱정이 없지 않다. 이제 곧 대학을 졸업하는데 취직 뒷바라지를 못하게 되면 어쩌나, 한 부모 가정이라고 혼삿길이 막히지는 않을까, 지금까지 참았는데 몇 년을 더 참아야 하는지 걱정이 태산이다.

자녀가 성인이어도 부모의 이혼은 상처가 된다. 아이가 아무렇지도 않게 "엄마 그렇게 살 거면 그냥 이혼해. 차라리 이혼하는 게 나아"라고 하더라도, 아이는 이혼의 의미를 잘 이해하지 못하고 하는 말일 수 있다. 아이들은 이혼이 가져올 일상의 변화를 잘 모른다.

"엄마, 나 때문에 이혼 못 한다는 말하지 마. 엄마 마음대로 해"라고 말하는 아이들도 더러 있다. 자녀가 이런 말을 한다면 그동안 내가 아이에게 어떤 모습이었는지 생각해 보았으면 좋겠다. "내가 널 어떻게 키웠는데, 너 이혼 가정 아이라고 손가락질 당할까 봐 엄마가 그동안 참았어"라는 메시지를 보낸 것은 아닐까? 자녀 때문에 불행한 결혼생활을 참는다는 것은 엄마가 생각하기에는 희생이지만, 사실상 자녀 뒤에 숨어 책임을 회피하는 일이나 다름없다.

자녀에게 이혼해도 되냐고 물어보는 일도 마찬가지이다. 선택은 스스로 한다. 자녀는 이혼을 설명하고 이해시키고 안심시키고 격려해야 하는 대상이지, 설득이나 허락을 구하는 대상이 아님을 기억하자.

미영 씨는 남편이 수년 동안 성매매를 한 것을 알고 충격에 빠졌다. 남편은 매일 퇴근 후 '머리를 식히고 들어간다'며 PC방에 간다고 했다.

남편은 아이들에게는 한없이 다정하고 관대한 아빠였다. 하지만 미영 씨에게는 절약을 강조하며 보일러나 형광등 켜는 것도 일일이 따라다니며 지시하고 잔소리를 했다. 그런 남편이 몇 년 동안 20만 원씩이나 주고 주기적으로 성매매를 했다니, 그녀는 환멸과 배신감을 느껴져 더 이상 그와 결혼생활을 지속할 수 없었다.

남편은 잘못했다며 싹싹 빌었지만, 미영 씨는 감정을 주체할 수가 없었다. 아이들 있는 데에서도 부부싸움을 하다 보니 아이들이 아빠의 잘못을 눈치 챘다. 한창 예민할 사춘기 중학생 딸아이는 혼란에 빠졌다. 아빠에게 다가갈 수도 없고, 미워할 수도 없었다.

많은 엄마들이 미영 씨와 같은 실수를 한다. 일부러 아이들 들으라고, 남편에게 창피를 주려고 아이들 있는 데서 큰소리로 이야기한다. 어떤 엄마는 자녀와 자신을 동일시한 나머지, 아이와 편을 먹고 남편을 적대시한다. 은연중에 아이에게 '네 아빠는 이런 나쁜 사람이다. 아빠가 엄마를 괴롭게 하면 네가 괴로운 것과 같지. 너와 나는 하나야. 내가 느끼는 바를 너도 느끼기 바란다'라는 메시지를 준다. 아이가 어떤 감정을 느끼는지, 얼마나 혼란스러워할지는 생각하지 못한다. 자기감정에 빠져 아이를 어른 싸움에 끌어들이고, 아이도 병들게 한다.

아이는 엄마가 굳이 이야기하지 않아도 느낀다. 엄마와 아빠 사이에 어떤 문제가 생기면 누구보다 민감하게 알아챈다. 그리고 부모가 이혼할 수도 있다는 두려움을 가진다. 부모의 갈등을 아는 체도 못하고, 누구보다 민감하게 온몸으로 느낀다.

이런 아이에게 필요한 메시지는 '너는 내 편이어야 한다'가 아니다. 아이에게는 '엄마와 아빠는 싸워도, 너를 사랑하는 마음은 변함없다. 우리의 싸움은 너 때문이 아니다. 이혼을 하더라도 너를 끝까지 사랑하고 책임질 것이다'라고 말해야 한다.

아이가 몇 살이든 상관없이, 아이에게 똑똑히 전해야 한다. '어리니까 굳이 설명하지 않아도 되겠지' 또는 '아이가 눈치껏 잘 알고 있겠지'라고 생각하고 어영부영 넘어가면 아이는 혼란 속에 살게 된다.

미영 씨는 나와 상담 후 딸아이에게 이렇게 설명했다.

"아빠가 그동안 엄마에게 거짓말을 하고 잘못을 저질렀지만, 너희들 사랑하는 마음은 변함이 없어. 엄마도 지금은 아빠가 싫지만, 아빠가 그동안 너희에게 최선을 다했던 것은 인정해. 아빠랑 사이좋게 지낸다고 해서 엄마를 배신하는 것도 아니야. 아빠와 예전처럼 지내도 돼."

미영 씨의 딸은 이 이야기를 듣자마자 금세 표정이 밝아졌고, 다시 아빠에게 가서 조잘조잘 이야기하고 품에 안기는 등 관계가 회복되었다고 한다.

힘들지만 지켜야 할 것

엄마도 사람인지라 자기가 너무 힘들면 자녀의 고통을 바라볼 수가 없다. 아이가 힘들어 몸부림치는데도 "얘는 또 왜 이래, 엄마 힘들어" 하는 반응을 보이게 된다. 아이의 몸부림은 퇴행으로, 틱 장애로, 반항으로, 가출로, 때로는 자해로 드러난다.

아이는 부모의 갈등과 이혼에 대해 죄책감과 혼란과 불안함이 혼재된 복잡한 감정을 느낀다.

'나는 이제 어떻게 되는 거지? 엄마 아빠가 나에게 어떻게 이럴 수가 있지? 이혼은 누구의 잘못일까? 엄마 아빠는 좋은 사람일까?'

그런데 자신의 감정을 누가 알아챌까 봐 친구와 단절되기도 하고, 오히려 아무렇지 않은 척 과잉 행동을 하기도 한다.

나에게 상담을 받던 명숙 씨의 딸이 그랬다. 명숙 씨는 딸이 아무도 몰래 신경정신과에서 우울증 약을 처방받아 먹는 것을 발견하고 속상해했다. 밝고 명랑했던 명숙 씨의 딸은 아빠의 외도를 알게 되고 "난 결혼 안 할 거야, 남자 못 믿어"라며 남자친구와 헤어지고 집과 직장만 오가며 엄마 몰래 우울증 치료를 받고 있었다.

명숙 씨는 딸이 마음의 병을 얻게 된 이유가 다 바람둥이 남편 때문이라고 비난했다. 그리고 자신도 남편 때문에 괴로워 죽을 지경인데, 이제 딸까지 병들고 자신이 딸 우울증 치료까지 떠맡게 되었다며 분노했다.

명숙 씨는 보호자처럼 딸에게 의지했다. '우리 아이는 참 어른스러워요'라며 아이에게 할 말, 못 할 말 다 했다. 심지어 남편 외도 증거를 딸을 시켜서 수집하기도 했다. 남편의 사무실에 녹음기를 두고 며칠 뒤에 다시 찾아오도록 주문하기도 하고, 남편 컴퓨터를 뒤져 증거를 찾아보라고 시켰다. 남편의 컴퓨터에는 남편이 그동안 만나온 여자 사진과 동영상이 있었는데, 이것을 딸이 모두 보게 되었다. 명숙 씨는 오직 남편 외도 증거를 잡아야한다는 목적에만 집중한 나머지 딸이 받을 충격과 상처, 몰래 훔쳐봤다는 죄책감은 보살피지 못한 것이다.

혼란 속에서 아이에게 잠시 기대어 마음을 터놓고 조언을 얻고 의지하는 것도 좋지만, 아이에게 과도한 책임감을 지우지는 않는지 생각해 보자. 아이들은 듣기 싫은데 엄마를 실망시키고 싶지 않아서 엄마의 한탄을 들어줄 수도 있고, 어른이 된 느낌에 으쓱해서 이런저런 조언을 하지만 본인도 자기가 하는 말의 의미를 모를 수도 있다.

자녀가 성인이라 하더라도 부모의 잘못을 다 알아야 할 필요는 없다. 오히려 자녀들이 몰라야 할 것은 지켜 주는 지혜가 필요하다. 한쪽 부모의 악한 면을 보는 일은 자기 자신을 부정하는 뜻도 되기 때문이다.

홀로서기 TIP

아무리 힘들어도 정신을 바짝 차리자. 내가 힘든 것의 몇 배는 더 혼란스럽고 힘들어할 아이를 챙길 사람은 나뿐이다. 내가 너무 힘들어 아이의 마음까지 들여다볼 여유가 없다면 전문가의 도움을 받아야 한다. 가깝게는 가족, 학교 담임 선생님에게 도움을 요청해 보는 것도 좋다. 내가 아이의 보호자이지, 아이가 나의 보호자가 아님을 항상 기억하자.

성장의 무기는
내 안에 있다

얼마 전 오랜만에 이웃 블로그에 들어가 보고 깜짝 놀랐다. 조지희(교육 플래너 깔루아) 이웃은 내 첫째와 동갑인 딸을 키우는 엄마였다. 우리 아이가 초등학교에 갓 입학했을 때 그녀의 블로그를 처음 알게 되었다.

그녀는 야무지게 아이를 잘 키웠다. 독서 교육에 높은 열의를 갖고 관련 자격증을 따고, 혼자서 공부를 많이 한 듯했다. 주로 아이들 전집, 문제집, 학습지, 학원 등 엄마들이 궁금해할 만한 내용을 엄마의 시각으로 조사하고, 솔직한 평가를 블로그에 포스팅하여 이웃을 끌어 모았다.

그러다 강의실을 빌려 엄마들 대상으로 아이들 독서 지도 세미나를 주기적으로 열었다. 블로거를 넘어 교육 전문가로 발돋

움한 것이다. 그렇게 그녀의 행보를 관심 있게 보다가, 한동안 잊고 있었다. 그러다 우연히 몇 년만에 다시 들어가 보니, 그녀는 가히 괄목할 만한 발전을 이뤘다. 깔루아 독서 학습 컨설팅의 대표로 사업체를 운영하고 있으며, 블로그 대문에는 저서 세 권이 대문짝만하게 걸려 있었다. 제일 놀라운 점은 그녀가 둘째, 셋째, 넷째까지 아이를 셋이나 더 낳아 키운다는 점이었다.

그녀가 아이 넷을 모두 영재로 키우면서도 세 권의 책을 쓰고 사업체를 운영할 수 있었던 이유는 바로 자신의 경험에 지식을 더했기 때문이다. 아이를 키우면서 누구나 어떤 책을 사서 보여줄지, 어떤 학습지를 시키면 도움이 될지, 어느 학원이 체계적으로 잘 가르치는지를 궁금해하고 나름의 조사를 한다.

어느 엄마든지 각자의 교육 철학이 있고, 자신의 기준에 맞게 최선을 다해 아이를 키운다. 하지만 자신의 경험과 지식을 글로 풀어 다른 사람들에게 전하는 일은 다른 일이다.

그녀는 블로그와 책에 자신의 경험을 옮겼고, 자기주도학습과 독서 교육이라는 키워드를 잡고 한 우물을 팠다. 영유아, 초등학생, 중학생까지 자녀들이 커 가면서 필요한 교육에 맞추어 그녀 자신의 역량도 성장시켜 나갔다. 교육 사업까지 확장하면서 말이다.

평범한 주부로 살아왔어도 이처럼 자신만의 콘텐츠는 누구나 계발할 수 있다. 특별히 관심 있는 분야가 있다면 지금까지 많은 지식을 쌓아왔을 것이다. 독서나 강의 수강을 하고, 인터넷 서핑이나 커뮤니티 활동을 통해 꾸준히 정보를 모았을 것이다. 이미 우리는 너무 많은 정보를 알고 있다. 이제는 아웃풋을 만들어 세상에 드러낼 때다. 지금까지 입력만 해 왔다면 이것을 산출물로 엮어야 진짜 내 것이고 성장이 된다.

나를 위한 투자, 홀로서기를 위한 과정

남편에게서 독립을 꿈꾸는 여자라면 취미라도 돈 되는 것을 하길 권한다. 취미 생활도 일종의 돈 투자, 시간 투자다. 내 시간과 돈을 어디에 투자할지 고민할 때는 미래의 수익성을 살피는 것이 당연하다. 단순히 현재를 즐기는 것도 물론 중요하지만, 즐기면서 미래의 생산이 가능하다면 더 좋다. 시간이 지난 뒤 물질적으로든 정신적으로든 보상이 있는 투자가 진짜 투자다.

취미에 아웃풋이 없다면 금세 흥미를 잃기 쉽다. 금방 싫증 나고 계속할 동기가 없다. 최고의 아웃풋은 '돈'이 아닐까? 돈 버는 일은 관두고 싶어도 쉽게 관둘 수가 없다. 더 벌고 싶어 더 열심히 하다 보면 진짜 프로가 된다.

콘텐츠에 투자하자. 내가 살아오며 한 경험에 관련 지식을 얹고, 노하우를 통해 풀어나가면 그게 콘텐츠이다. 지금은 엄마들이 경험을 콘텐츠로 만들 통로가 얼마든지 있다. 관건은 얼마나 꾸준히 하고, 새로운 지식으로 실력을 업데이트하고, 전문가로서 포지셔닝 하느냐에 달려 있다.

지금까지 남편의 성취를 돕고 아이의 성장을 돕는 조연으로 살았다면, 앞으로는 주연의 기회가 주어진 것이다. 경험이 능력으로 승화되는 순간이 온다.

열심히 사는 것에 도취되어 자기는 발전하고 있다고 착각하는 사람들이 많다. 나는 항상 '내가 받는 월급의 세 배는 회사에 벌어다 줘야 한다'라는 생각으로 일했다. 사회에 나와 처음 들은 말이었기 때문에 진리로 받아들였다. 열심히 일하라는 뜻으로 받아들였다.

이혼하고 재취업에 성공했을 때, 마치 내 사업처럼 열심히 했다. 성과도 내고 인정도 받았다. 하지만 직장이 내 10년 뒤, 20년 뒤를 보장해 주지는 않을 것이었다.

평생 직장도 없고, 영원한 내 것도 직장생활에서는 없다. 열심히 쳇바퀴를 돌려봐야 나만 소진될 뿐이고, 이익은 회사가 얻는다는 생각이 들었다. 대학원을 졸업하고 전문 자격증을 취득했지만, 그 안에서 내 성장의 한계를 여실히 느꼈다. 내 삶의 열정을 잃는 것이 가장 두려웠기 때문에 퇴사를 결심했다.

직장을 다니는 엄마라면 이왕에 일할 것이라면 승승장구해서 올라갈 수 있는 데까지 올라가는 것이 먼저다. 그리고 회사생활을 내 성장의 발판으로 삼아 독립 준비를 늘 가슴에 품어야 한다. 직장에서 일 잘하는 습관을 들이고 능력을 인정받은 여자는 나와서도 잘할 수 있다.

이보네 젠은 《돈의 감정》에서 이렇게 말했다.

돈을 순수하고, 사랑스럽고 충만한 에너지라고 생각하라. 돈은 당신의 삶에 흐르고자 하는 에너지이다. 당신 자신을 대하듯 돈을 대해야 한다. 관심을 가지고 서로를 알아가고, 혼자 그리고 돈과 함께 시간을 보내야 한다.

이 구절을 읽고 나서 내가 돈을 별로 중요하게 생각하지 않은 것이, 나 자신의 가치를 제대로 보지 못했기 때문이라는 생각에 씁쓸했다. 내가 내 삶에 에너지를 충만하게 담을 욕심을 내지 않았던 것이다.

이제는 돈에 대한 두려움, 불안감, 미움 같은 부정적 감정을 해소하고 돈을 대하는 기쁨을 발견해 보려 한다. 그렇게 진정한 돈의 주인이 되면서 성장을 위한 발판을 마련해 갈 것이다.

총알을 장전하지 않으면 기회가 왔을 때 쏠 수 없다. 기회를 얻고 싶으면 끊임없이 노력해야 한다. 주어진 일에 최선을 다하는 것 외에는 방법이 없다. 어느 한 분야에서 두각을 나타내기 위해서는 7년이 필요하다는 연구 결과도 있다. 능력을 키우려 노력하면서 최선을 다하다 보면 더 큰 기회를 포착할 수 있지 않을까?

내 인생은
나의 것이다

명상지도자이자 임상심리사인 잭 콘필드는 《마음의 숲을 거닐다》에서 죽음을 맞는 순간 다음 세 가지를 스스로 물어야 한다고 썼다.

나는 잘 사랑했는가?

나는 온전하게 살았는가?

나는 놓아줄 줄 알았던가?

놓는다는 것은 정말 쉽지 않은 일이다. 결혼생활이 지긋지긋해 오랫동안 이혼을 꿈꿔 온 사람에게도 막상 이혼이라는 과정은 쉽지 않다. 이미 끝난 관계이고, 회복 불가능하다는 확실한 사실에도 이혼을 진짜 마음먹고 나면 가슴이 뻥 뚫린 기분이 든다. 생각지도 못한 여러 감정이 휘몰아친다.

나는 잘 사랑했는가?

이혼은 배우자하고만 헤어지는 것이 아니다. 나 자신의 일부와도 이별하는 것이다. 나의 젊은 날 그와 사랑하며 나눈 추억과 이별을 한다. 많은 하객의 축복을 받으며 희망과 믿음으로 충만했던 젊은 신부인 나와 이별하는 것이다.

갓난아기를 안고 아기 얼굴과 그의 얼굴을 번갈아 쳐다보며 닮은 구석을 찾고 행복해하던 나와 이별하는 것이다. 내 인생의 가장 찬란했던 시절이 이제는 내 것이 아니게 된 느낌이 든다. 하지만 그 시간을 모조리 부정할 수도 없다. 그 시간을 도려내면 결국 나라는 사람도 없기 때문이다.

남편이 집을 나간 뒤부터 이혼 후 한참 동안 나는 자기연민에 빠져 살았다. 남들은 다 괜찮은 남편을 만나 그럭저럭 잘 사는데, 나는 왜 이런 남자를 만나 끔찍한 결혼생활을 했는지 모르겠다고 생각했다. 전 남자친구를 떠올리며 '그 사람이랑 결혼했으면 어땠을까? 그 사람이라면 재미는 없지만 바람은 안 피웠을

텐데' 하는 생각도 했다. 남편만 믿고 직장을 관둔 일도 처절하게 후회되었다. 회사 입사 동기들은 과장이 되어 외국에 주재원으로 나가 승승장구했다. 전문직 남편을 만나 전업주부로 살면서 철마다 해외여행을 다니는 친구도 있었다. 내가 불행해지니 남의 행복이 더 커 보였다. 아이들과 아등바등 애를 쓰면 쓸수록, 점점 더 억울하고 슬프고 나 자신이 불쌍해졌다.

자기연민에 푹 잠겨 한동안 살다 보니, 어느새 정신이 들었다. 시간이 지나자 억울함과 분노가 가라앉았다. 그리고 결혼생활의 실패에는 내 책임도 있음을 알게 되었다.

물리학의 작용, 반작용 법칙처럼 인간관계에도 분명 서로 주고받는 에너지가 있다. 남편이 바람이 난 것에는 분명 나의 책임도 있었다.

아이를 낳고부터 삐거덕거리는 남편과의 관계에서 상처받고 싶지 않아 내 마음의 문을 굳게 닫았다. 마음속으로 '넌 나에게 별로 중요한 사람이 아니야'라고 남편에게서 등돌리고 아이들 위주로 살았다.

남편이 하는 집안일에 고마운 마음보다는 못마땅하게 생각하거나 더 바라는 마음이 컸다. 나의 이런 생각을 남편이 못 느꼈을 리가 없다. 어쩌면 그래서 더 권위적으로 대하고 폭력적으로 변했는지도 모르겠다. 결혼생활이 파탄에 이른 데에는 나의 책임도 있음을 알게 되었다. 되돌릴 수 없는 때가 되어서야 처절하게 느꼈다.

'잘못 흘러가고 있는 것을 내가 몰랐구나.'

언제까지 피해자로 살 수는 없었다. 이혼하고 나니 내가 짊어져야 할 역할은 두 배로 커지고 육체적·정신적 고단함도 두 배가 되었는데, 원망하고 분노하고 비난할 대상은 없었다. 힘들어서 하소연하고 싶어도 징징댈 대상이 없었다. 모든 것이 나의 책임이고, 감당하는 것 외에는 다른 길이 없었다.

누군가를 원망하고 신세 한탄을 한다 해서 내가 감당할 일을 누가 대신해 주는 것도 아니고, 기분이 나아지지도 않는다. 어차피 아이를 낳은 이상 엄마 역할은 해야 하는데, 나는 남들보다 역할이 조금 크고 무거울 뿐이다.

온전하게 살았는가?

이혼한 것도 개인의 선택이고, 아이들을 키우기로 한 결정도 개인의 선택이다. 잘 한 선택인지 잘못한 선택인지는 선택 이후에 우리가 하는 행동에 달렸다. 그 선택이 옳았다고 말하기 위해서는 그에 걸맞은 행동을 해야 한다. 그 선택을 좋은 선택으로 만들기 위해 노력하는 것이 우리가 해야 할 일이다.

선택을 최선으로 바꾸는 것은 태도에 달렸다. 내가 한 선택에 책임을 질 뿐이다. 그럼에도 개인의 선택, 즉 이혼을 후회하지 않으려면 다음의 세 가지 마음가짐을 다져 보자.

첫째, 선택에 책임을 진다.

내가 선택했으니 당연히 기꺼이 감당해야 한다. 상대를 비난하기보다는 상황을 냉철하게 판단해 본다. 배우자를 선택한 사람도 결국 다른 사람도 아닌, 바로 나이다. 도리어 스스로 통찰하고 반성하게 될 것이다.

둘째, 모든 감정을 있는 그대로 느끼자.

분노와 자책도 그 과정에서 꼭 거쳐야 할 감정이다. 뛰어넘거나 무시할 수는 없을 것이다. 느껴지는 그대로 느끼고 인정하자. 실패를 인정하고 결혼생활의 죽음을 애도하자. 하지만 그 감정에 너무 빠져 피해자 역할로 머물지 않도록 하자.

피해자는 계속 억울한 일만 당한다. 남편에게서 벗어나 다른 가해자에게 또 당할 수는 없는 일이다. 피해자 역할에서 벗어나,

책임지는 삶을 살면 된다.

셋째, 내 인생의 운전대는 내가 잡는다.

난 내가 선택한 내 삶에 집중하기로 했다. 만약 당신이 지금 이혼이라는 과정을 통과하는 중이라면 그랬으면 좋겠다. 나는 이혼할 당시에 나를 옴짝달싹 못 하게 집에 묶어 놓고, 밖에서 다른 여자와 새 인생을 설계한 남편에게 분노했다. 하지만 지금은 오히려 그가 바람을 피운 계기로 이혼하게 되어 내 인생의 운전대를 다시 쥐게 된 것에 감사한다. 우리 각자의 인생에서 가장 소중하고 중요한 사람은 자신이다.

홀로서기 TIP ────────────────────────

이혼으로 "이번 생은 망했어!" 하면서 자책하고 좌절할 필요가 없다. 부끄러워할 필요도 없다. 내가 내 인생의 운전대를 되찾는 과정이고, 이제 내 인생에 내가 오롯이 책임을 지는 진짜 어른이 되는 것이다. 진짜 나의 독립이고 큰 성장의 전환점이다.

이혼했다는 사실이 부끄럽지 않으려면, 내가 당당해지려면 그에 걸맞는 태도를 갖자. 내 선택이 옳았다는 것을 입증하는 것은 내 태도에 달려 있다. 내 인생을 내가 책임진다는 것은 정말 멋진 일이다.

상대가 아닌
나를 위한 용서

"그는 결혼생활 내내 저를 괴롭게 하고, 끝까지 예의나 배려라고는 없는 태도로 저를 대했어요. 저는 그의 사과와 반성을 바라요. 아니, 반성까지도 아니고 그동안 미안했다고, 잘못했노라고 한 마디만 해 줬으면 좋겠어요. 그래야 제가 살 것 같아요. 남편이 자기 잘못을 정말 모를까요? 제가 이렇게 아파하는 모습을 보고도 어쩜 저렇게 무딜까요?"

우리는 때로 상대의 진심어린 사과와 반성을 기대한다. 나를 힘들게 한 남편이 진심으로 용서를 구하면, 내가 미워하는 마음을 내려놓을 수 있으리라고 생각한다. 더 이상 남편을 탓하고 미워하고 원망하고 싶지 않기 때문이다.

미워하는 마음은 계속 품기도 힘들고 에너지가 든다. '남편이 사과하면, 내가 용서할 텐데…'라고 상대에게 사과와 반성을 강요한다. 하지만 그가 사과와 반성의 언어를 내비친다 해도 그를 믿을 수 없다. 엎드려 절받아 봐야 앞으로 남편이 바뀌리라는 보장도 없고, 진심인지 기만인지 그의 진정성을 알 수가 없기 때문이다.

타인의 마음, 지난 과거는 내 힘으로 어쩔 수 없는 통제 불가능한 것들이다. 하다못해 나조차도 내 의지대로 살아지지 않는다. 그런데 타인이 내 마음처럼 행동하지 않는다고, 일이 내 뜻대로 진행되지 않는다고 마음에 안 들어 하고 괴로워하는 것은 어리석은 일이다.

성숙해지기 위한 용기

상담을 받으러 온 많은 사람들이 "언제쯤 저 사람이 용서가 될까요?"라고 묻거나, "평생 용서 못할까 봐 걱정이에요"라고 용서의 어려움을 호소한다. 너무 괴롭기 때문에 상대와 하루빨리 화해하고 아무 일도 없다는 듯이 살고 싶은 마음일 것이다. 하지만 아직 남편에 대한 부정적인 감정이 가라앉지 않은 상태에서 용서하는 마음을 갖는 일은 어렵다.

《이혼 해피엔드》에서 짐 스모크는 '당신이 성숙하기 위해서 시간과 노력이 포함된 일련의 과정을 거쳐야 하듯, 용서도 성숙해 가면서 함께 훈련되는 한 과정에 속하는 것이다'라며 다음과 같이 썼다.

전 배우자를 용서하고, 또한 그에게 용서를 구한다는 것은 이혼에 대한 자신의 책임을 확실하게 감당한다는 것이고, 스스로의 잘못과 결점들을 인정한다는 것을 의미한다. 이 말은 당신이 결혼을 주도하는 한 부분을 담당했던 것처럼, 이혼을 주도하는 한 부분을 담당했다는 것을 스스로 인정하고 받아들인다는 것이다. 또한 이것은 상대방의 인격과 가치를 존중해 주고, 그 사람도 용서받을 자격이 있다는 것을 인정해 주는 것이다.
그런데 여기에서 한가지 명심해야 할 것이 있다. 그것은 바로 당신은 당신 자신에 대한 책임만 지면 된다는 것이다. 전 배우자에게 용서를 구하는 것, 그리고 당신 역시 그를 용서하는 것. 당신은 이 두 가지만 실천하면 된다.

다시 말하면, 일부러 전 배우자의 잘못을 들추어내어 그로 하여금 당신에게 용서를 구하도록 강요해서는 안 된다는 말이다.
나 또한 '용서'에 대해 수없이 생각했다. '내게 잘못한 사람을 용서하여 준 것 같이 나의 죄를 용서하여 주시고'라는 주기도문은 '그가 나를 용서하신 것 같이 나에게 잘못한 사람을 용서하라'는 뜻이었다.

누군가를 증오하고 저주한다는 사실이 나 스스로 너무나 괴로웠다. 이혼한 지 3년쯤 지났을 때, 나도 가정 파탄에 책임이 있고, 그가 바람이 난 것도 나에게 조금이라도 책임이 있음을 받아들이게 되었다. 그전에는 무조건 전남편이 100퍼센트 잘못했고, 나는 피해자라고 생각했다.

그러다가 서서히 나의 책임을 인정하게 되었다. 그러자 원망하는 마음이 줄어들고, 인간으로서 그가 이해되었다. '잘 해줄걸, 그러지 말 걸' 하는 후회나 자책과는 조금 다르다. 인정과 수용이다. 그렇게 받아들이니 '아, 나 이제 좀 괜찮네' 싶었다.

그러다 최근에 들어서야 전남편을 용서할 수 있겠다는 생각이 든다. 자그마치 7년이 걸렸다. 나 자신을 있는 그대로 인정하고, 나라는 사람의 내면을 한 발 떨어져서 관찰할 수 있게 된 까닭이다.

'내가 그에게 화가 났던 건 두렵기 때문이구나', '내가 두려워하는 것은 내 능력을 신뢰하지 못하기 때문이구나', '내가 너무 아이들 양육에 대해 걱정했구나', '내가 힘든 것을 다 전남편 탓을 하고 있네' 하고 생각하면서 관점이 상대에서 나로 옮겨 온 것이다.

사건과 남편이라는 통제할 수 없는 대상에서, 통제할 수 있는 나의 감정과 생각으로 관점을 전환하니, '화가 난다', '억울하다', '옳지 않다'는 감정과 생각에서 벗어날 수 있었다. 더 이상 사건과 타인에 휩쓸려 떠밀리는 내가 아니라, 내가 내 생활을 컨트롤하며 자신감이 생겨서인 것 같다.

전남편이 용서를 빌든, 나를 증오하든, 어떻게 살든 이제 나에게는 하나도 중요하지 않다. 내가 나를 이해하고 주도권을 가지니, 그도 이해가 되고 용서할 수 있게 되었다.

《나는 왜 그런 배우자를 선택했을까》의 저자 정성준은 그의 책에 이렇게 썼다.

용서는 단번에 끝나는 것이 아니다. (중략) 분명히 지난번에 용서한 것 같은데 똑같은 기억이 다시 떠오를 때 마음에 어려움을 느낄 때가 있다. 그러면 우리는 자신이 용서하지 않은 것이 아닌가 하고 죄책감이나 부적절함을 느끼기도 한다. 하지만 안심하라. 용서는 결코 손쉬운 이벤트가 아니다. 과거에 용서했음에도 또 아픔이 느껴진다면 그것은 그 사건이 그만큼 자신에게 고통스러웠음을 입증해 주는 증거다. 전 배우자와 있었던 같은 사건에 대해서도 거듭 용서를 선택함으로써 우리는 점점 고통이 줄어들고 용서하는 마음이 점점 넓어져 가는 것을 느낄 수 있다. 어떤 시점에 다다르면 과거의 사건을 편안한 마음으로 관조할 수 있는 힘이 생기게 된다.

선부르게 용서하지도, 언제쯤 용서가 될까 초조해하지도 말자. 남편이 변해야 내가 그를 용서할 수 있다고 생각하지 말자. 용서하지 못하고 자꾸 괴로워하는 나 자신을 한심하게 생각하지도, 죄책감을 갖지도 말자.

지금은 그냥 실컷 원망하고 저주하고 미워하면서 내 안의 응어리를 비워낼 때이다. 분노, 수치심, 두려움, 슬픔 등 내가 느끼는 감정을 알아차리고 충분히 느끼는 과정을 거쳐야 그 감정에서 헤어 나올 수가 있다.

그 시간을 살아내면서 내 삶의 주도권을 찾으려고 노력하다 보면, 남편이 어떻든, 뭘 하든 별 상관이 없어진다. 내 삶을 주도적으로 이끄는 자신감을 되찾게 되면 어느새 용서하는 마음이 생겨 있을 것이다.

홀로서기 TIP

나에게 상처를 준 사람들에게 표현하지 못해서 괴롭다면, 지금이라도 해 보자. 직접 만나거나 전화통화, 문자로 내 속마음을 털어내기만 해도 과거의 상처로부터 벗어나 앞으로 나아가는데 도움이 된다. 직접 표현이 어려우면 빈 의자나 인형을 바라보며 상대에게 이야기하는 것처럼 표현하거나, 편지를 쓸 수 있다.

용서를 결심하고 앞으로 나아갔다가, 다시 그 경험을 되돌리며 분노했다가 하는 과정을 곱씹으며 시간에 맡겨보자. 그 시간이 나를 치유할 것이다.

4장

감정은

짧고

인생은

길다

불행을 막고
나를 지키는 법

항공기 안전 수칙에는 비상시 어린이를 동반한 승객의 행동
요령이 나와 있다.

'본인이 먼저 산소마스크를 착용하시고 그다음 어린이의 산소
마스크 착용을 도와주십시오.'

아이를 살리려고 산소마스크를 아이에게 먼저 씌우려다 엄마
와 아이 둘 다 위험에 처할 수 있기 때문이다. 위급한 상황일수
록 엄마가 먼저 산소마스크를 제대로 써야 한다. 그래야 아이도
살릴 수가 있다.

행복해지는 일이 최우선이다

나는 힘든 일을 겪는 엄마 자신이 편안해지고 행복해지는 일에 우선순위를 두었으면 한다. 자신을 잘 돌보지 않는 엄마는 아이도 잘 돌볼 수가 없다. 불안과 공포, 슬픔에 빠져 신음하는 엄마가 억지로 에너지를 쥐어짜 아이를 보살피는 일도 한계가 있다. 아이는 엄마가 느끼는 것보다 더 빠르고 예민하게 엄마의 눈빛과 표정에서 엄마의 기분을 감지한다. 엄마가 불행 속에서 사는 이상 아이가 행복한 삶을 살 수 없다. 엄마를 걱정하느라, 자기의 안전을 걱정하느라 자기 미래로 나아갈 수가 없다.

아이를 위해 이혼하지 못한다는 이유로 현실에 주저앉는 엄마가 많다. 그들은 불행을 감내하면서 상황을 개선시킬 용기를 내지 않고 산다. 아이를 위해 이혼하지 않는다면서 오히려 아이에게 무거운 짐을 지게 한다. 이렇게 불쌍한 엄마의 짐까지 짊어지고 자란 아이는 어떤 성인이 될까?

간혹 성인 자녀를 둔 60대 어르신이 상담을 오면 자녀 이야기가 빠지지 않는다. 아이를 이혼 가정에서 자라게 하고 싶지 않아서, 남편이 돈은 잘 벌어다 주니까, 끊임없이 밖으로 돌고 정서적으로 학대하는데도 이혼하지 않고 살았단다. 아이도 어려서부터 부모 사이가 좋지 않음을 알고 있어서 엄마 마음을 이해할 줄 알았는데, 불쌍한 엄마의 바람대로 사느라 부담스럽고 힘들었다며 엄마를 원망한다고 한다. 지옥 같은 가정에서 하루도 마음 편하게 살지 못했다고 자신은 결혼을 안 한다고 한다. 평생 남편을 원망하며 살아온 아내는 '널 위해 희생했는데 네가 몰라주면 어쩌니'라고 자식까지 원망한다.

정말 아이를 위해 이혼하지 않는다면 그 안에서 무조건 행복을 찾아야 한다. 상황을 바꾸든, 태도를 바꾸든, 어떻게 해서든 엄마 자신이 불행에서 빠져나와 자신의 삶을 꾸려야 한다. '너를 위한 거야'라고 믿으며 자녀에게 불안과 고통을 표출해서는 안 된다. 엄마가 하는 선택이라고 해서 모두 아이에게 최선은 아니다. 아이를 학대하는 것이나 다름없는데도 아이를 위한 행동이라고 착각하는 엄마가 많다.

아이와 돈독한 유대감을 쌓는 것과 아이와 동맹을 맺고 상대 배우자를 공격하는 것은 다르다. 나의 불행을 아이에게 전가해 대물림하는 우를 범하지 말자.

얼마 전 내가 운영하는 '이거나고거나' 카페에 올라온 글이다.

"남편 때문에 정말 다시 태어났어요. 남편이 싸우면 이혼을 요구하고 집을 나가서 불안한 결혼생활을 했습니다. 남편의 심리를 이해할 수 없어서 심리학 책도 많이 읽었습니다. 너무 힘들어서 자아 성찰하며 저 자신도 많이 돌아보고 그동안 물러터진 온실 속의 화초와도 같았구나, 나 자신을 알게 되었습니다. 그리고 인간에 대한 이해도 깊어졌고요. 집 밖에서 웬만한 인간관계 갈등은 힘들지 않게 넘길 수 있는 강인한 사람이 되었습니다. 언제 어떻게 될지 모르니 아이들과 먹고 살 힘을 길러야겠다고 생각해서 열심히 살았습니다. 그 결과 지금은 꽤나 안정적인 수입도 올리고 있습니다. 남편도 내가 더이상 유약한 여자가 아닌 것을 알게 되니 나를 인정하고 존중합니다."

글쓴이는 자신을 불행하게 만든 남편을 원망하고 미워하는 데 시간과 노력을 쓰지 않았다. 오히려 지적 호기심을 가지고 남편과 자신의 심리를 공부하고 통찰력을 길렀다. 불안에 머무르지 않고 자신의 능력을 키웠다.

긴 시간 동안 얼마나 많은 일이 있었겠는가. 이 짧은 글에 다 담기지 않은 눈물이 몇 리터는 될 것이다. 하지만 이렇게 성장하기까지 때로는 남편과 싸우기도 하고, 포기하고 싶은 마음도 간절했을 것이다. 그래도 남편으로 인한 고통을 자신의 성장 동력으로 삼았다. 이렇게 상황을 바꿔 나가는 엄마를 보고 아이들도 자기 삶을 책임지는 방법을 배웠을 것이다.

과하지 않은 마음의 무게

조용한 사직(Quiet Quitting)이 MZ세대 직장인들 사이에서 유행하고 있다. 이들은 회사가 빠른 승진 등의 보상을 약속하며 요구하는 고강도 근무에는 관심이 없다. 언젠가 직장을 옮기거나 관두면 끊어질 인간관계에 필요 이상 들이는 노력을 아까워한다. 오직 내 워라벨이 중요하고, 이를 위해선 회사나 직속 상사의 눈치도 보지 않는다. 그렇다고 당장 사표를 내는 것도 아니다. 이처럼 단지 월급 받는 만큼만 일하면서 조용히 회사를 다니는 것이 조용한 사직이다.

왜 이런 문화가 생겨났을까? 예전 고도 성장기에서처럼 회사가 평생 내 인생을 책임져 주지 않는다는 고용 불안 때문이다. 우리 가정도 마찬가지이다. 배우자와 평생 동반자로 살지 않을 수 있다고 알게 된 이상, 예전처럼 모든 것을 다 바쳐 헌신할 필요가 없다. 그렇다고 시끄럽게 나팔 불며 파업을 선언할 필요가 없다는 것을 조용한 사직으로부터 배운다.

내가 하고 싶은 만큼만 기여하고, 헌신하고 싶은 만큼만 남편과 가정을 위해 봉사하면서 내 인생을 살면 된다. 내 인생이 가정 안에만 있으면 그것만큼 불안한 일이 없다. 가정이야말로 투입 대비 산출이 불안한 조직이기 때문이다. 내가 아무리 헌신해도 남편이 배신하거나, 엉뚱한 사고를 치면 가정은 흔들린다. 내가 아무리 아이들 교육에 열심을 내도 아이들이 안 따라주면 입시 결과는 내 기대에 미치지 못한다.

그럼에도 최선을 다 해야겠다면, 최선의 기준을 좀 낮추어 보자. 지금까지 가정에만 기울었던 내 마음의 저울에서 추를 하나씩 옮기면 된다. 내가 통제할 수 있는 인생에 집중하면 나 자신과 가족의 균형이 맞춰질 것이다.

홀로서기 TIP ————————————————————

'아내'나 '엄마'가 아닌, '한 사람'으로서의 인생을 잘 가꾸자. 그 잘 가꿔진 인생 안에서 '엄마'로서의 역할을 잘 해낼 수 있다.

감정은 짧고
인생은 길다

　며칠 전 우연히 사진 한 장을 보았다. 페루 쿠스코 인근의 비니쿤카 산이다. 비니쿤카는 바위로 이루어진 산인데, 바위가 여러 색으로 이루어져 있었다. 마치 무지개 떡의 단면처럼 보였다. 사진에 매료되어 설명을 눌러 보니, 아픈 사연이 숨어 있었다. 그 산은 만년설로 뒤덮여 있었다고 한다. 최근 온난화로 만년설이 녹는 바람에 수 만 년 동안 숨겨져 있던 속살이 드러난 것이다. 지금의 아름다운 색깔을 볼 수 있게 되었지만 좋은 일만은 아니었다.

　이혼은 우리가 가슴 깊은 곳에 묻어 두었던 과거의 문제들까지 들추어 낸다. 두껍게 쌓여 있던 만년설이 녹아내리고, 그 안에 숨겨진 총천연색 경험들이 모습을 드러낸다. 어린 시절에 겪은 상처, 버림받고 거부당한 경험, 가족간의 불화, 마음에 쌓아 두었던 불평 불만이 떠오른다. 모두 해결되지 않은 부정적인 감정을 동반하는 경험이다.

이혼은 결혼생활의 상처뿐만 아니라 살면서 겪은 모든 상처까지 드러낸다. 무방비 상태로 어린 시절의 나로 돌아가 쓰라린 상처에 소금을 뿌리는 듯한 고통을 겪게 한다.

감정을 바로 보고, 불행에서 벗어나자

사람들은 모두 버림받는 일을 두려워한다. 이런 두려움을 '유기불안'이라고 한다. 홀로 남겨지거나 버림받을 것에 대한 불안감은 누구나 가지고 있다. 이혼은 이런 근본적인 불안과 공포를 자극하는 극단적인 상황을 만든다.

유아기에 부모로부터 유기나 방임당한 기억, 어릴 때 연애에 실패하고 좋아했던 사람으로부터 외면받은 상처, 사랑하는 가족이 세상을 떠난 슬픔, 이혼으로 버림받으면 내 안의 연민이 생긴다. 이제 아무도 이런 나를 사랑하지 않을 것이라는 생각에 서럽고 나 자신이 불쌍하게 여겨진다.

'내가 사랑받을 만하지 않은가?', '나는 사랑받을 자격이 없을까?', '남편이 나를 비난한 것처럼, 내가 그렇게 형편없는 인간인가?' 하는 생각에서 벗어날 수가 없다.

그럴 땐 내가 왜 이렇게 고통스러운지 생각의 뿌리를 타고 들어가 보자. 유년시절의 기억, 남자친구에게 버림받은 나, 홀로 남겨진 슬픔을 온전히 떠올리고 그 안에 머물러 본다. 그런 감정을 떠올려 보면 지금의 내 상처와 두려움을 받아들일 수 있게 된다. 잊고 있던 기억과 상처를 떠올리면 지금의 나를 보듬을 수 있다.

어쩌면 이혼은 과거의 문제들을 바로잡고 해결할 수 있는 기회다. 지금의 내 감정을 타고 들어가 과거의 나를 만나면, 나 자신을 더 잘 이해할 수 있게 된다. 내가 미처 인지하지 못했던 잘못된 믿음을 바로잡을 수 있다. 만년설이 녹았을 때가 아니면 할 수 없는 일이다.

이혼을 겪고 있거나, 이혼한 지 얼마 안 된 사람들은 매일 감정기복을 겪는다. 롤러코스터를 타듯이, 1초만에 감정이 휙휙 바뀌는 경험을 한다.

자신에 대해서도 '이 정도면 잘하고 있어'라고 생각하다가도, '불쌍한 나는 앞으로도 영원히 혼자일 거야'라는 생각이 든다. 상대방에 대해서도 '너도 참 딱하다' 싶다가도, '차라리 내 손으로 죽여버릴 걸 그랬나?' 하는 생각을 한다.

누구나 이혼을 마주하고 처음에는 '나는 어쩜 이렇게 불쌍할까?', '왜 하필 내가 이런 걸 겪어야 할까?' 하는 자기연민에 빠진다. 나는 선, 상대방은 악, 나는 옳고 그는 그르며, 나는 피해자이고 그는 가해자라는 이분법적인 구도 속에 머문다. 무책임하고 몹쓸 남편을 만나 불행한 인생을 살게 된 피해자 역할에 빠져 스스로를 위로한다. 솔직히 이렇게 된 것은 나의 잘못도 있다는 것을 인정하기 쉽지 않다.

그러나 자기연민에 빠진 사람은 자기 인생을 책임질 수 없다. 피해자라서 상황을 바꿀 수 없고, 물속의 해초처럼 상황과 타인에게 휘둘리며, 그 상황 속에 머물러 있을 수밖에 없다는 삶의 태도를 가지게 된다. 책임지지 않는 사람은 자유가 없다. 자기 삶을 살지 못한다.

자기연민에서 빠져 나오려 노력해야 불행에서 벗어난다. 그러기 위해서는 이혼 과정에서 잃어버린 것에 집중하지 말자. 이별과 상실에 대해서만 생각하고 이야기하면 회복 속도는 더 느려질 수밖에 없다. 어떠한 시련도 우리에게 교훈을 남긴다는 생각으로 받아들여야 한다.

고통은 가고 치유가 온다

남편이 자신에게 했던 것을 되갚아주거나, 그런 대우를 받을 만한 사람이 아니라는 것을 보여 주려고 시간을 써서 애쓰는 사람들이 있다. 남편의 문란한 생활 때문에 상처받은 아내들은 이혼하고 여자로서의 자존심을 극복하려고 이 남자 저 남자 만나 데이트를 하기도 한다.

남편에게 버림받아 훼손된 자존심을 다른 남자에게서 되찾으려고 섣불리 재혼 상대를 찾으려 하기도 한다. 그러나 그렇게 함으로써 얻을 수 있는 것이 별로 없다. 이혼이라는 싸움은 어차피 다 같이 지는 전쟁이다. 이제와서 그를 이기려 내 시간과 노력을 쓰는 일은 어리석다.

과거의 일로 현재를 채우지 말자. 과거가 미래로 가는 나의 발목을 붙잡게 해서는 안 된다. 이제 시간과 에너지를 나의 삶을 재건하는 데 사용해야 한다.

이혼의 경험 때문에 고통스러운 것은 지극히 당연하다. 그 과정을 무작정 뛰어넘는 것은 불가능하다. 직면하여 한 단계씩 극복해 나가면 된다. 고통의 단계를 거치고 상처의 흔적이 희미해지면, 마침내 치유를 통한 성장이 시작된다.

홀로서기 TIP

감정은 옳고 그른 것이 없다. 그렇다고 해서 감정은 통제가 불가능하다고 믿으면 '감정 기복이 심한 것은 정상이고 나는 통제 불가능한 사람이다'라는 생각으로 감정대로 살게 된다. 감정은 내가 아니라, 내 상태를 보여 주는 신호등이라고 생각하는 편이 좋다. 감정을 들여다봄으로써 내 생각과 믿음과 정확한 현실을 바라보자.

인생의 방향을
재설정하라

　내담자들은 "나는 누구인가?", "내 인생은 앞으로 어떻게 되는가?", "나는 앞으로 인생을 어떻게 살아야 하나?"라는 의문을 가졌다.

　이혼을 하면 아내, 며느리와 같은 역할도 변화하지만, 내면에 일관적으로 흐르던 무언가가 뒤죽박죽이 되는 경험을 한다. 새로운 정체성을 확립하는 일은 다시 홀로서야 하는 사람들이 반드시 해내야 할 숙제이다.

　내 스스로 정체성이 없다면 참으로 불행한 일이다. 특히나 결혼 전에는 부모가, 결혼 후에는 남편이 이끄는 대로 따라가면 된다고 생각했던 아내라면 더욱 그렇다. 자신의 목표가 남편과 아이들을 향해 있고, 삶의 초점이 온통 남편과 아이들에게 향해 있었다면 이혼 후 삶은 위태롭다.

인생의 무게 추를 나에게로

이혼 뒤에는 더 이상 삶의 방향이나 목표를 정해 주는 사람은 없다. 마치 종신고용이라고 철썩같이 믿고 목숨바쳐 일하던 회사에서 갑자기 정리해고를 당한 듯하다. 내 인생은 내가 책임지는 삶으로 모드를 전환시켜야 한다. 만약 내 인생의 책임자가 되기를 간절히 원해서 이혼을 '이루어 냈다면' 다행이지만, 이혼을 준비할 시간 없이 능력도, 용기도, 각오도 없이 떠밀렸다면 그 충격은 엄청날 것이다. 나 또한 그랬다. 전업주부에서 생계형 직장 맘이 되었고, 누구의 아내에서 싱글이 되었다.

행복한 결혼생활을 하고 있어도 삶의 초점은 나를 향해 있어야 한다. 내가 누구인지, 뭘 좋아하는지, 어떻게 살기 원하는지 항상 내 마음 중심에 두고 살자. 그저 남들이 좋다는 선택을 따르면 남는 것은 후회뿐이다.

인생의 무게 추가 내가 아닌 다른 사람 또는 가정에 있을 때, 그 사람과 헤어지거나 한순간에 가정이 흩어지면 내 모든 것이 한순간에 날아가 버리는 경험을 한다. 앞으로 어떻게 살아야 하는지, 내가 어떤 사람인지, 내가 중요하게 생각하는 가치가 무엇인지, 뭘 해야 행복한지 그제서야 찾으면 혼란스러운 것이다.

이혼이라는 사건을 경험하기 전까지는 내가 누구인지를 진지하게 생각할 시간이 없었다면, 이혼을 겪고 나서 자신의 과거를 돌아보고 현재와 미래를 살펴보면 된다. 그런 면에서 이혼은 자기를 살펴볼 수 있는 소중한 시간을 제공해 주며, 자신의 미래를 진지하게 고민할 수 있도록 해 준다. 이혼이 아니었다면 평소 몰랐던 자기를 깨닫고 이해할 기회를 가질 수 없었을 것이라 이야기하는 이혼자가 많다.

행복은 스스로의 몫이다

이혼하고 지긋지긋한 결혼생활에서 해방된다고 해서 행복한 날이 쫙 펼쳐진다고 생각하면 오산이다. 이혼은 우리의 환경을 바꿀 뿐, 나 자신을 행복하게 만들 사람은 나뿐이기 때문이다. 물론 이혼을 겪으면서 나 자신도 변한다. 그런 변한 자신에게 맞는 행복의 조건을 찾는 것도 스스로의 몫이다.

행복해지기 위해서는 다음의 조언을 하고 싶다.

나 자신에게 정직해져야 한다.

하고 싶은 것, 갖고 싶은 것, 가고 싶은 곳, 되고 싶은 것이 있었는가? 지금까지 하지 말아야 할 것을 알고, 하고 싶어도 참고, 하기 싫어도 성실히 해내고, 견디기 힘든 것을 참아내는 것을 미덕으로 알고 살아왔다. 하고 싶은 것을 하고, 갖고 싶은 것을 갖는 것은 지금껏 허락된 때가 별로 없었다. 그렇게 현재를 살면 미래는 행복할 줄 알았지만 미래는 오지 않았다. 그렇게 참고 견딘 미래가 이혼일 수도 있다. 그러니 앞으로는 미래를 위해 현재를 버티며 살아가지 않기로 하자.

후회는 한 번으로 충분하다.

앞으로의 인생에서 똑같은 잘못을 하고 후회하고 싶지 않을 것이다. 이혼하면서 먹고사는 것에 대한 두려움이 몰려올 것이다. 둘이 하던 부모 노릇을 혼자 해야 한다는 두려움, 가장이 되어 생계를 책임져야 하는 두려움….

두려움을 피하는 선택을 하지 않고 원하는 것을 얻기 위한 선택을 하는 것을 인생의 방향으로 놓자. 시간이 얼마나 걸리든, 올바른 선택을 하다 보면, 내가 되고 싶은 사람이 되어 있을 것이다. 나는 사춘기 때 찾지 못한 '장래희망'을 이혼하고서야 찾았다.

나 자신을 사랑하는 것이 가장 중요하다.

이혼을 하고 하지 않고를 떠나 행복을 결정하는 가장 큰 요소는 자기 자신을 얼마나 사랑하느냐에 달렸다. 우리는 지금껏 성취로 평가 받았기 때문에, 이혼이라는 실패를 한 자신에 대해서도 스스로 나쁜 평가를 하게 된다.

자신의 결핍과 약점 때문에 이혼했다고 생각해 죄책감이나 수치심을 갖기도 한다. 특히나 주변 사람들의 시선 때문에 상처를 받는다. 굳이 입밖으로 꺼내거나 눈빛을 보내지 않더라도, 스스로 자격지심 때문에 위축되고 만다.

나도 사실은 지금까지도 부모님을 배려한다는 명목으로 가족행사에 참석하는 것을 꺼리고 있다. 처음 만난 사람에게는 차라리 "저 이혼했어요"라고 말할 수 있지만, 내가 사랑하는 가족과 연결된 자리에서는 가족에게 부끄러움이 될까 봐 이혼을 숨기게 된다.

하지만 최대한 긍정적으로 생각해 보자. '이혼자'라는 타이틀을 갖기까지 우리가 얼마나 마음고생을 하고 고군분투해 왔는지. 이혼한 사람으로 사는 일이 얼마나 용기 있고 씩씩한 일인지 말이다. 많은 사람들이 용기가 없어서 불행한 결혼생활을 이어 간다. 우리는 우리 인생의 운전대를 용감하게 움켜쥔 독립적인 사람들이다.

이혼은 아무나 하나? 기죽을 필요 없다. 우리는 행복을 위해 용기낸 자신의 모습을 있는 그대로 받아들이고, 사랑하면 된다.

오롯이 홀로서라

내가 이혼하고 사춘기 아닌 사춘기를 겪으면서 또 얻은 것이 있다. 나 자신에 대한 확신이다. 이혼을 겪으며 삶이 나락으로 떨어지는 듯한 고통도 겪었지만, 그 바닥을 치고 다시 올라오면서 내 능력과 장점을 발견하게 되었다.

나는 우유부단하고, 끝까지 밀고 나가 결과를 내는 지속력이 약하다고 생각했다. 주변에서 늘 그런 평가를 받아 왔고, 내가 생각해도 그랬다. 무언가 처음 시작하는 추진력과 호기심은 굉장히 강한데, 소위 말해 뒷심이 약했다. 하지만 이혼하면서 극한의 상황에 처해 보니, 죽기 살기로 덤벼 이겨낼 수밖에 없었다. 나도 강한 의지로 끝까지 해내는 집중력과 승부욕이 있는 사람임을 발견하게 되었다.

무엇보다 나의 독립심이 빛을 발했다. 집에서 쓸데없는 감정 소모를 하지 않으니 내 성취에 더 힘을 쏟으며, 내가 세운 목표를 향해 정진할 수 있게 되었다. 선택과 결과에 대해 책임을 져야 한다는 부담감이 오히려 동력이 되었다. 이혼하고서야 진짜 홀로서기를 한 것이다.

외상 후 성장 이론에서는 적절한 강도의 고통이 개인의 삶에 성장을 가져온다고 말한다. 적당한 고통은 우리의 삶에 새로운 변화를 일으킬 의지를 제공하지 못한다. 감당하기 힘든 고통이야말로 변화에 대한 의지를 불러와 생각지 못한 새로운 차원의 변화와 성장을 일으키게 되는 것이다.

이혼하지 않았더라면 홀로서기를 할 수 있었을까? 안락한 배우자의 울타리 안에서 그저 주어진 삶을 사는 일을 사명으로 여겼을 터이다. 변화할 필요도 못 느끼고, 내 삶을 책임지지 않는 가짜 어른으로 늙어 갔을 수도 있다. 역설적이게도 이혼이라는 사건 때문에 나 자신을 발견하고 인생의 목표도 찾게 되었다.

홀로서기 TIP ─────────────────────────

스스로 선택하고 실행하고 책임지는 삶은 참 어렵고 힘들다. 하지만 그 어려운 길을 피하기만 해서는 성숙한 어른의 삶을 살 수 없다. 내가 나를 잘 알고, 나를 믿고 사랑해야 그런 성숙한 어른의 삶이 가능하다. 나 자신을 믿지 못하면 주변 사람들에게 자신을 대신해서 선택해 달라고 질문하게 된다. 하지만 누구도 나를 대신해 내 인생을 책임져 주는 사람은 없다. 타인에게 묻고 의지하는 대신, 나 자신의 감정을 억압하지 말고 솔직하게 있는 그대로 인식해 보자. 그리고 그 감정을 선택에 반영해 보자.

세상을 내 편으로
만들 수 있다

이혼은 나의 감정이 아닌 생존의 문제였다. 나는 남편에 대한 배신감이나 버림받은 슬픔을 느낄 여유조차 없었다. 앞으로 나 혼자 아이들을 어떻게 키워야 하나 하는 걱정뿐이었다. 아이들과 떨어져서 사는 모습은 한 번도 생각하지 않았다.

아무리 남편이 밖으로 돌고 혼자 독박 육아를 한다 해도, 한집에 사는 남편이 하는 아빠 노릇이 반드시 있다. 밤에 들어와 자고 있는 아이들 이마에 뽀뽀하는 것도 아빠 노릇이고, 주말 낮까지 늦잠 자며 코고는 소리도 아빠 노릇이다.

남편이 집을 나가고 나서야 그 빈자리가 보였다. 둘째 아이는 남편이 나간 다음날 아침에 일어나자마자 남편이 자던 방에 가서 아빠가 없음을 확인했다. 그 빈자리와 당황스러움을 감당하는 몫은 오로지 나였다.

남편 없이 아이를 키우는 일은 상상조차 되지 않았다. 당장 생활비도 걱정이지만, 아이들을 어떻게 키워야 할지가 더 걱정이었다. 온갖 나쁜 생각이 꼬리에 꼬리를 물었다.

당장 내가 직장생활을 시작하면 아이들이 잘 적응할 수 있을까? 학교에서 손가락질받아 비뚤어지면 어쩌지? 가난해져서 아이들 교육도 제대로 못 시키는 거 아니야? 내 머릿속에서는 이미 아이들이 밤에 길거리를 헤매고 끔찍한 사춘기를 겪는 장면까지 그려졌다. 가장 힘든 생각은 아이들이 훗날 나를 원망하면 어쩌나 하는 생각이었다. 도저히 아이들을 혼자 키울 자신이 없었다. 희망이 없다는 생각에 우울해하고 있을 때, 불현듯 내 친구의 어머니가 떠올랐다.

나와 초등학교부터 고등학교까지 같은 동네에서 자란 그 친구는 어머니와 오빠와 함께 살았다. 처음에는 한 부모 가정인지 몰랐지만 친해지고 서로의 집을 드나들면서 자연스럽게 알게 되었다. 친구의 오빠는 우리보다 세 살 많은 수재였다. 강남 8학군 고등학교에서도 항상 전교 1등을 놓치지 않았다. 사교육이라고는 방학 때 잠깐 다닌 단과학원이 전부였다. 친구 어머니는 중졸 학력이었지만 아들을 서울대 장학생으로 만들었다.

경제적으로 넉넉지 않으니 남들이 버린 참고서와 문제집을 주워와 깨끗이 닦아서 아들에게 읽고 풀게 했다. 그는 결국 서울대 공대를 장학생으로 졸업하고 지금은 미국에서 이름만 대면 다 알만한 IT 회사에 근무하고 있다.

친구 어머니는 이혼하고 아이들을 키우며 지킨 원칙과 노력, 철학을 엮어《과외 절대로 시키지 마라》,《억대 연봉 엄마 노릇》을 출간하였다. 당시 책을 선물받고 단숨에 읽은 기억이 난다. 학교 끝나고 놀러 가면 우리에게 라면을 끓여 주던 친구 어머니가 저자가 되다니, 신기하면서도 존경스러웠다.

친구 어머니를 생각하니 갑자기 눈물이 쏟아지며 희망이 차올랐다.

'그래, 내가 아직 가 보지 못한 길이라 엄두가 나지 않을 뿐, 누군가는 이미 그 길을 묵묵히 살아내고 있었구나. 힘들지만 잘 살아내면 더 값진 영광을 누릴 수 있겠구나.'

아이의 우주가 온전해야 한다

내가 지금 두 아이를 키우는 싱글 맘이 되어 보니, 친구 어머니가 그렇게 살아내기 위해 얼마나 힘들고 외로웠을지 가늠조차 되지 않는다. 지금이야 한 부모 가정이 흔하고 여성 인권도 높아졌지만, 그녀는 30년 전 '결손 가정' 오명을 혼자 감당하며 세상의 편견과 싸워야 했을 것이다. 그렇게 생각하면 21세기에 싱글 맘이 된 나는 행운아가 아닐까? '까짓거, 내가 두 명 몫을 하면 되는 거 아니겠어?' 하는 각오가 생겼다.

아이들에게 엄마는 우주나 다름없다. 아이들을 이 땅에 태어나게 한 이상, 온 마음을 다해 길러내야 할 사명이 나에게 있었다. 남편이 떠나 혼자 버거워도, 먹고 사는 것이 아무리 힘들어도, 아이들은 엄마라는 우주 안에서 계속해서 자라고 있다. 그리고 언젠가는 나보다 더 크게 팽창하여 내 경계를 벗어나는 날이 올 것이다. 그날까지 엄마는 무너질 수가 없다. 이 세상이 무너져도 내가 아이들을 지켜 주고 변함없이 사랑한다는 믿음을 주어야 한다.

아이들의 눈동자가 나를 비추는 거울 같았다. 내가 우울해하면 아이들의 까만 눈동자도 흔들렸다. 더 이상 주저앉아 있을 수 없었다.

회사에 취직하여 아이들을 유치원 종일반에 적응시켰다. 아침 저녁으로 바람이 찬 11월이었다. 아이들은 아침에 유치원 문이 열리자마자 등원하고, 저녁에는 꼴찌로 하원하게 되었다. 기관지가 약해 수차례 입원도 한 아이들이 갑자기 무리해서 크게 아프면 어쩌나 걱정을 했는데, 기우였다. 아이들은 나보다 더 긴장해서인지, 그해 겨울에 감기 한 번 걸리지 않았다. 나는 잘 적응하는 아이들이 고맙기도 했지만, 엄마 도와주려고 아이들이 아프지도 못하는구나 싶어서 미안한 마음도 들었다.

몇 달 후, 첫째가 초등학교에 입학했다. 초등학교 1학년은 수업이 일찍 끝나니, 아이를 돌봄 교실에 보내려고 했다. 신청서를 접수하고 보니, 아직 이혼이 종료되지 않아 부모 양쪽의 서류가 필요하다고 했다. 별거 중인 남편에게 사정을 설명하고 서류를 보내달라고 했더니, 알아서 하라는 냉정한 응답만 돌아왔다. 방법이 없던 나는 교장 선생님에게 편지를 썼다. 편지를 읽은 교장 선생님의 배려로 돌봄 교실에 들어갈 수 있었다. 그 일로 세상에 대한 신뢰도 생겨났다. 솔직하게 도움을 요청하면 배려해주는 사람들이 많다는 것을 알게 되었다.

책임을 다하는 어른으로

그렇게 초보 싱글 맘의 마라톤이 시작되었다. 그로부터 시간이 흘러 첫아이가 중학생이 되었다. 아이들은 누구보다도 독립적인 아이들로 자라고 있다. 늘 내 무릎에서 떠나지 않던 둘째도 언제부터인지 자기 시간을 알아서 채워간다. 오히려 내가 참

견할까 봐 경계하는 눈치다. 나는 서운하기보다는 마음속으로 '드디어!'라고 외친다. 아이들은 생각보다 빨리 자란다는 생각마저 든다.

내가 그동안 몸으로 때우고 눈물로 지새운 시간이 헛되지 않았다. 전업주부로 육아에 전념했던 시간, 퇴근 후 지친 몸으로 놀이터에서 그네를 밀어주던 시간, 허겁지겁 퇴근해서 옷도 못 갈아입고 저녁밥을 차리던 시간…. 아이들 몸과 마음 구석구석에 엄마의 정성이 심어져, 내가 일과 공부를 하느라 함께 있지 못하는 시간에도 내 궤도 안에서 스스로 자기 생활을 해나가고 있는 것이다.

홀로서기 TIP

아이들은 결국 엄마 품에서 독립해야 한다. '육아의 목표는 독립'이라고 하지 않은가. 이혼으로 남들보다 빨리 독립을 연습시킨다고 너무 두려워하지 않아도 된다. 엄마가 고군분투하며 자신의 인생을 책임지는 모습을 본 아이라면, 자기네 인생을 책임감 있게 살아갈 것이다.

고독과 외로움은
아무것도 아니다

연지 씨는 남편이 상습적으로 외도한 사실을 알고 큰 혼란에 빠졌다. 남편은 연지 씨 명의로 사업체를 운영하며 연지 씨 앞으로 많은 빚이 있었으므로 섣불리 이혼을 할 상황이 아니었다. 아직 아이도 어리고 연지 씨의 수입도 많지 않아 이혼은 할 수 없었지만, 남편이 외도를 멈출 것이라는 생각도 들지 않았다. 남편은 거의 병적인 수준이라는 생각이 들었다. 사랑하지 않는 남편과 결혼생활을 끝내지 못하는 자기 자신이 불쌍하게 여겨졌다. 이대로 결혼을 포기해야 할지 고민이 되었다.

그러던 중 대학 선배 오빠로부터 연락이 왔다. 연지 씨는 어린 시절 자신을 기억하는 사람과 시간을 보내니 마치 그 시절로 돌아간 듯한 즐거움과 설렘을 느꼈다. 연지 씨는 그 오빠와 잠

헤어질 결심부터 홀로서기까지

자리를 가지게 되었고, 점점 그와의 관계에 집착하며 가사와 육아에 소홀해졌다. 연지 씨는 결혼생활을 정리하고 사랑하는 그와 살고 싶다는 생각까지 하게 되었지만, 이런 의사를 내비치자 오빠는 '너의 집착이 부담스럽다'며 이별을 통보했다. 연지 씨는 남편의 외도를 알게된 때보다 더 큰 상실감을 느꼈다.

법적으로 이혼이 확정되기 전은 물론이고, 이혼 직후에 남자를 만나는 것은 위험하다. 이혼 전에 연애를 하는 것은 불륜이라는 도덕적 잣대나 법적 책임을 이야기하려는 것이 아니다. 이혼 중이거나 이혼 도장에 잉크가 마르기 전부터 다른 남자를 만나는 일은 바로 우리 자신에게 해롭다는 말이다.

이혼을 경험하며 우리는 분노, 슬픔, 두려움이라는 감정의 소용돌이에 내던져진다. 이런 혼란은 혼자 감당하기에는 너무나 크고 힘들기 때문에 누군가에게 의지하고 싶어진다. 붕 뜬 비현실감에서 안정을 찾고 고통을 덜기 위해 아무거나 닥치는 대로 붙들고 싶어지기도 한다. 술, 담배, 쇼핑, 게임 그리고 심지어 낯선 남자와의 무분별한 관계까지 하는 사람들이 있다.

연지 씨처럼 남편의 외도를 경험했거나 갑작스럽게 일방적인 이혼 통보를 받은 경우라면 더 조심해야 한다. 이때 우리 마음은 걷다가 넘어져 콘크리트 바닥에 무릎이 쓸린 상황이나 다름

없다. 배우자와의 다툼, 배신, 유기와 같은 트라우마 사건을 겪은 결과 피부가 벗겨져 빨갛게 속살이 드러난 상처를 가지게 될 것이다.

물론 이 상처는 시간이 지나면 아물게 마련이다. 상처를 잘 소독하고 약을 바르며 더 빠르고 잘 아물게 할 수는 있겠지만, 절대적인 시간을 건너뛸 수는 없다. 상처에 딱지가 앉고 새 살이 돋을 때까지 어느 정도의 시간이 필요하다. 아직 면역력이 회복되지 않은 상태에서는 상처로 침투한 사소한 병균이나 바이러스에도 삶이 위태로워질 수 있다. 먼저 내 면역력을 키워 내 힘으로 상처에 딱지가 생기도록 한 후에 이성을 만나야 한다고 하는 이유이다.

나 스스로를 사랑하는 것이 첫 번째

연애는 이혼 후 변화된 삶에 적응하고, 분노와 슬픔의 폭풍이 지나간 뒤, 자존감이 회복되고 나서 하는 것이 바람직하다. 사람마다 다르지만, 최소 1년 6개월은 걸린다고 본다. 이것이 상처 회복의 절대적인 시간이다.

그 전에는 스스로 두 발로 서서 독립하지 못한 상태이기 때문에 동정과 연민에 기대어 연애를 하게 된다. 관계가 주는 위로와 안도감에 의지하게 되므로 관계 중독에 빠지기 쉽다. 연애하던 사람과 헤어져도 또 다른 대상을 찾아 헤매게 된다.

빨간 상처가 아물어 피부가 생기기 전에 다른 대상과 정서적 육체적으로 가까워지면 경계가 모호해진다. 상처가 아물기 전에 반창고와 밀착되었다고 생각해 보자. 진물이 가득찬 반창고를 떼내면 또 다시 빨간 속살이 드러나고 상처는 다시 처음으로 돌아간다. 그 상태가 반복되는 것이다.

그러면 '다시 사랑을 할 수 있을까, 누군가를 또 믿어도 될까' 하는 의문을 가지기 쉽다. 가장 친밀하고 사랑하고 의지한 대상이 나의 삶을 혼돈에 밀어 넣었기 때문에, 다시 친밀한 사랑의 관계를 가진다는 것이 위험한 일로 느껴진다.

'내가 사람보는 눈이 없다면 앞으로 괜찮은 사람을 알아볼 수 있을까? 아니, 괜찮은 사람이 나를 사랑해 줄까?'라며 결국 나 자신에 대한 신뢰와 자존감 문제로 귀결된다. 나에게 상처를 줬던 남자에게서 나 자신에게 초점을 가져오는 것이 다시 사랑하기 위한 첫 단추이다.

자연스럽고 자유로운 나를 되찾고, 새로운 나와 친해져야 한다. 혼자여도 괜찮다. 혼자인 나를 사랑할 수 있어야 새로운 연인과 행복할 수 있다.

나 자신에 대한 신뢰를 회복하고, 누군가를 신뢰하는 것이 괜찮다는 믿음을 다시 가지게 되는 것은 아주 힘든 과정이다. 특히 성장 과정에서 학대나 유기를 경험했다면 훨씬 더 힘든 일이다. 남편과 이혼하며 겪은 일은 내면에 깊숙이 감춰놓았던 수치심과 공포심을 수면 위로 끄집어낸다. 내가 가진 이런 감정의 기원을 돌이켜보는 일도 힘들지만 직시해야 한다. 그래야 성숙하게 내 인생을 살아갈 수 있을 것이다.

나를 구원할 사람은 바로 나 자신이다

명희 씨 역시 남편이 자신을 떠나자 견딜 수 없는 괴로움을 느꼈다. 상담을 하며 명희 씨는 남편이 떠난 것과 상관이 없다고 생각했던 어린 시절의 상처를 떠올렸다. 아버지가 집을 떠났을 때의 상처였다.

명희 씨 아버지가 집을 떠났을 때 생성된 '버림받음에 대한 두려움'이 가슴 속 깊은 곳에서 수면 위로 떠올랐다. 보통 버림받음에 대한 두려움과 이혼했다는 수치심 때문에 관계를 회피하는 아내들이 더 많다.

회피하려 하는 내 마음을 들여다보자. 과거에 오랫동안 사랑받았고, 지금도 가족과 친구들에게 사랑받고, 앞으로도 다시 사랑받을 수 있는 존재라는 것을 인식하는 것이 이런 회피적인 태도를 이겨내고 새로운 관계 맺기로 나아가는 데 도움이 된다.

많은 사람들이 자신에 대한 신뢰와 자신감을 잊어 버린 채 상담실에 온다. "당신은 이런 일을 당할 만한 사람이 아닙니다", "이건 그의 문제이지 아내 분 탓이 아니에요"라는 말에 위안을 느낀다. 내가 여전히 좋은 사람이라는 자존감을 회복하면 '어떤 관계가 좋은 관계인지, 나는 어떤 상대를 원하는지' 알게 된다. 나라는 사람에 대한 깊은 성찰을 한 뒤에 관계를 맺게 되면 예전의 관계를 답습하지 않을 것이다. 새 술은 새 부대에 담으면 된다.

마음의 준비가 되었다면, 어떤 사람을 만나야 할까? 나와 같은 아픔이 있는 사람이 나를 더 잘 이해하리라는 생각을 할 수도 있다. 그런 사람은 공감을 바탕으로 빨리 가까워질 수는 있겠지만, 그 사람이 아직 회복이 덜 된 상태라면 연애 상대로는 최악이다. 내가 연애하는 사람이 데이트를 할 때마다 자기 전 사람을 데리고 오는 기분이 들 수 있다. 전 사람에 대해 이야기할 때마다 그는 자신이 비난받는다고 느끼고, 마음이 찔리고 탐탁지 않은 기분을 느끼게 된다.

혹시 나를 구원해 줄 사람을 찾는가? 어떤 사람은 이혼을 '좀 더 나은 사람을 만나는 과정'이라고 생각하는 듯하다. 꿈 깨자. 백마 탄 왕자님, 숲속의 공주님은 나타나지 않는다.

이혼 후 연애를 하면서 지켜야 할 것이 있다. 바로 '나 자신에게 초점 두기'이다. 우리는 남편과 가족을 돌보는 데 익숙해져 있기 때문에, 이혼 후에 연애를 하면서도 애인을 만족시키기 위해 희생하고 눈치를 보며 그의 욕구를 만족시키려 과한 노력을 할 수도 있다. 때때로 '이 사람도 언젠간 나를 떠나겠지' 싶어서 불안하고 슬픈 감정이 들기도 한다.

이제는 남자가 아닌 나 자신에 초점을 두고 살아야 한다. 홀로 보내는 시간을 두려워하지 말고 즐기자. 고독과 외로움을 지혜롭게 견디는 것은 내몫이지, 남이 해결해 줄 수 없다. 정말 좋은 남자와 연애를, 심지어 재혼을 하게 되더라도 절대 잊지 말자. 내 삶에 대한 결정은 내가 내리고, 내가 책임진다는 것을.

홀로서기 TIP

많은 여성이 경제적 어려움 때문에 재혼을 생각하고, '경제적 능력'을 기준으로 재혼 상대를 결정한다. 하지만 재혼 커플을 상대로 상대 배우자 단점을 조사하였더니, 남성은 '빈대 근성', 여성은 '돈에 인색함'에 가장 높은 응답률을 보였다고 한다. 서로에게 바라는 것을 솔직하게 논의하지 않고 재혼하면 잦은 갈등이 일어나게 된다.

결혼 전 각자의 자녀, 부모 봉양, 서로가 가진 재산 등의 문제에 대해서 명확하게 정리하는 것이 중요하다. 내가 가진 문제를 재혼으로 해결하려고 하면 갖가지 문제에 봉착하며 갈등에 부딪히고, 또 이혼하게 될 수도 있다.

돌싱을
커밍아웃 하라

　이혼을 앞둔 많은 사람들이 나에게 이런 걱정 섞인 질문을 하곤 한다.

　"이혼한 것을 직장에 알려야 할까요?"
　"이혼했다는 이야기가 차마 입에서 안 떨어져서 타이밍을 놓쳤더니, 주변 사람들과 진솔한 대화가 안 되고 겉돌게 되고 멀어지네요. 그냥 확 밝힐까요?"

　사람들은 이혼한 사람에 대한 편견을 가질 때가 종종 있다. 심지어 나와 상담한 남자들(대부분 아내 외도 때문에 상담한다) 중에 "이혼하면 어떤가요, 밤에 남자 생각이 막 나고 그러나요?", "이혼하고 연애 많이 해 보셨어요?"라고 물은 사람도 있다.

이런 말을 들었을 때 물론 황당하고 그 무례함에 화도 나지만, 내 감정을 표현하면 안 되니 "저에 대해 궁금한 게 많으시네요. 본인이라면 어떨 것 같으세요?"라고 되물어 준다.

이혼은 약점이 아니다

이혼이 흔해졌지만 아직 개인에게는 무거운 주제이다. 우리 사회가 이혼에 대해 개방적인 분위기로 변했고 당사자들도 편하게 마음먹을지라도, 일상의 대화 자리에서 불쑥 꺼내기에는 무게감이 느껴지는 주제이다. 나조차도 엄마들이 모인 자리에서 명절, 시댁, 남편 이야기가 나오면 위축이 된다.

"시댁엔 언제 가? 시댁이 어디야? 뭐 타고 가? 얼마나 걸려? 시댁에서 명절음식 많이 해?"라며 꼬리에 꼬리를 무는데 대충 얼버무릴 수도 없고, 거짓말을 할 수도 없다. 하지만 대뜸 "저는 이혼했어요"라고 하기에는 타이밍이 마땅치 않다. 내가 아무리 자연스럽게 이야기한다 해도 갑자기 대화 분위기가 싸하게 얼어붙기 마련이다. 내가 이혼한 사실이 부끄러워서라기보다는, 아무것도 모르고 나에게 질문한 사람이 죄도 없는데 미안해하는 것이 싫다.

나는 '차라리 소문나라'는 생각으로 마당발인 사람에게 미주알 고주알 다 털어놓았다. '차라리 나 없는 데에서 얘기하고 나한테 직접적으로 묻지 말아줬으면 좋겠다'라고 생각했다. 그런데 공교롭게도(?) 그 사람이 입이 무거워 소문이 나지 않아 작전에 실패했다.

이혼한 사실을 알리면 사람들이 다른 시선으로 볼까 봐 걱정한다. 하지만 이혼에 너무 큰 의미를 부여하는 것은 아닌지 생각해 보자. 기혼이든 미혼이든 돌싱이든, 나라는 존재는 혼인 여부에 의해 이해하거나 평가되지 않는다.

이혼한 것을 밝히면 내 약점이 되지 않을까 걱정하는데, 이혼한 사람을 결함 있는 사람, 불쌍한 사람이라고 본다면 그 사람의 문제이지 내 문제가 아니다. 편견 속에 갇힌 사람, 생각한 바를 무례하게 표현하는 사람이라고 생각하고 넘어가면 된다.

의외의 도움이 기다린다

사회에서 개인은 지위와 역할을 가진다. 지위는 귀속지위와 성취지위가 있다. 대한민국 국민, 부모님의 딸은 귀속지위로 태어날 때부터 정해져 있다. 하지만 어머니, 선생님, 회사원 등은 성취지위로, 개인의 선택과 노력으로 성취한 것이다.

이혼자 또한 성취지위이다.

지위에 따른 역할을 잘 수행하는 것이 이 사회에서 우리가 가진 의무이고, 이 의무를 다하는 이상 우리를 비난할 수 있는 사람은 아무도 없다. 사회인으로서 자신에게 주어진 역할을 잘 감당하면 이혼했다고 해서 평판이 낮아질 걱정은 하지 않아도 된다. 이혼했지만 자신의 삶을 잘 건사하고 살면 가족 중 누구도 뭐라할 사람이 없다. 기혼이지만 개차반으로 사는 사람이 얼마나 많은가?

회사에서든 모임에서든, 자연스럽게 이혼한 사실을 알리자.

언제까지 숨길 수도 없고, 언젠가는 어떤 루트로든 알려지게 된다. 소문이 퍼질 수도 있지만 그게 오히려 편할 수도 있고, 조금 불편해지더라도 수용할 각오를 하면 된다.

어디까지 이야기를 해야 할지 고민거리다. 왜 이혼했냐, 언제 이혼했냐, 재산 분할 얼마 받았냐 같은 질문을 하는 사람도 있을 수 있다. 그저 내가 말하고 싶은 만큼만 이야기하면 된다. 물어보지 않아도 내가 말하고 싶으면 미주알고주알 떠들기도 하고, 물어봐도 굳이 말하고 싶지 않으면 대충 둘러대거나 "비밀이에요" 하고 유머러스하게 넘기면 그만이다.

아이 학교나 유치원 담임선생님께도 물론 알리는 게 좋다.

첫째가 초등학교 입학하자마자 담임선생님과 상담을 했는데, 당시 이혼 소송 중이었기에 가정상황에 대해 입이 떨어지지 않았다. 그런데 그 선생님이 아이가 그린 '어항 속 물고기 가족' 그림을 보여 주면서 "아이가 아빠와 안 친한가봐요. 그림 속에서 엄마 물고기가 맨 앞에 있고, 그 뒤에 아이와 동생이 나란히 있고, 아빠 물고기는 멀리 구석에 떨어져 있네요"라고 말씀하셨다.

나는 당황스러워 눈물이 왈칵 쏟아졌다. 아이의 내면이 그림에 투사되어 나타난 것에 놀랐다. 그리고 아이의 마음을 읽고 나에게 조심스럽게 말씀하신 선생님께 감사했다. 당시 상황을 자연스럽게 털어놓을 수 있게 되었기 때문이다. 선생님은 나를 안아주며 힘내라고, 괜찮다고, 아이는 학교생활 잘할 것이라고 위로해 주셨다. 그리고 우리 가정을 위해 기도하겠다고 했다. 그 후로 1년 동안 담임선생님은 편견이나 차별없이 우리 아이를 잘 살펴주셨다.

그 뒤로는 학교 상담할 때마다 당당하게 이야기한다. 어떤 특별한 배려를 바라서가 아니라, 아이가 가장 많은 시간을 보내는 학교에서 반드시 알아야 하는 아이에 대한 정보라고 생각하기 때문이다.

결론적으로 나는 이혼을 커밍아웃하고 안 좋은 일을 겪은 기억이 별로 없다. 내가 밝히지 못했는데 나중에 알게된 분들도 내가 부끄러워했던 마음까지도 이해해 준다. 내가 이혼한 것을 밝히면 상대도 자기가 가진 문제나 남못할 이야기를 털어놓고 금방 친해지기도 한다.

싱글 맘이 아이를 키우는 일이 얼마나 힘든지 모르는 사람이 없다. 둘이 벌어도 아이 하나 키우기 힘들다 하는 사회이다. 전업주부가 남편과 아이 하나를 키우면서도 독박 육아라고 앓는 소리를 한다. 내가 아무리 괜찮은 척하며 씩씩하게 살아도 아는 사람들은 다 안다.

이혼한 엄마가 혼자 힘으로 아이를 키우는 일 그 자체만으로 기적에 가까운 일이다. 주눅들거나 죄지은 사람처럼 느낄 필요가 없다. 오히려 '나 이렇게 대단한 사람이야'라고 으쓱거리며 살아도 된다. 혼자 두세 명의 몫을 감당하는 능력자니까.

홀로서기 TIP

이혼했다는 사실을 커밍아웃 하기 위해서는 큰 용기가 필요하다. 그 용기가 생기기까지 짧게는 몇 개월, 길게는 몇 년이 걸리기도 한다.
이혼했음을 밝히고 나면 상대방의 반응도 가지각색이다. 그 반응은 대부분 대화의 공백을 메우기 위해서, 어떤 말을 해야할지 몰라서 하는 의미없는 말인 경우가 많다. 그 반응에 의미를 두고 상처받을 필요가 없다.

우선순위를
먼저 생각하라

'소중한 일을 먼저 하라.'

내가 처음 사회생활을 시작했을 때, 멘토 선배가 이렇게 조언했다. 소중한 일을 우선순위에 두지 않으면 급한 일만 처리하느라 정작 내 인생에서 중요한 일은 미뤄둔 채 살아간다는 말이었다. 하지만 사회초년생인 데다 딱히 구체적인 목표 없이 하루하루 살기 바빴던 나는 그 의미를 잊고 살았다. 좋은 말이긴 한데, 삶에 어떻게 적용해야 할지 감이 안 왔다.

엄마가 된 뒤에는 그저 아이들 먹이고 입히고 재우고 씻기는 게 가장 소중하고 급한 일이었다. 엄마 자신의 목표를 우선시하면 아이들은 뒷전으로 밀려나고 희생당하는 것이나 다름없다고 생각했다. 나는 그런 뚜렷한 목표도 없었고, 옆에서 도와주는 사람도 없었고, 무엇보다 남편이 내가 무언가를 하는 것에 반대했다. 그렇게 나를 내려놓고 엄마로 사는 시간 동안에는 내 인생의 '소중한 일'이 무엇인지 생각할 겨를도 없었다.

이혼 후 혼자 1인 3역을 하다 보니 온종일 허둥대느라 바쁠 뿐, 무언가 계속 놓치는 기분이 들었다. 밖에서는 직장인 노릇, 퇴근 후 집에서는 아이들 숙제 봐 주고 공부시키는 선생님 노릇, 아이들이 잠들고는 집안일 하는 가정부 노릇을 혼자 감당해야 했다. 직장 일은 집에서도 간헐적으로 이어졌다. 계속해서 자질구레한 일들이 내 시간을 압도했다. 아이 알림장 좀 잘 확인하라고 담임선생님에게 전화가 올 정도였다.

작은 자갈 더미에 깔려 옴짝달싹할 수 없는 기분이었다. 그 와중에 대학원과 자격증 공부까지 하느라 하루에 4~5시간 자가며 매일 지치고 피곤한 하루가 이어졌다. 무엇 하나 제대로 되는 것 같지도 않고, 아이들에게도 항상 미안했다. 마치 공이 계속 날아오는 야구게임장 같았다. 그때그때 날아오는 야구공을 쳐내느라 하루가 다 갔다. 우선순위를 정하고 계획적으로 사는 것이 불가능해 보였다.

그렇게 몇 년을 살다가 1인 상담센터를 열었다. 타인에게 고용돼 회사에 메어 있는 시간이 아닌, 내가 온전히 경영하는 시간이 주어지자 부담감과 압박감이 들었다. 마음은 초조하고 생각은 복잡하고 할 일은 많았다.

그때 자기계발 유튜브를 듣다가 이런 문구를 듣고 눈이 번쩍 뜨였다.

목표를 정하고 되는 방법만 생각하라. 끝에서 시작하라.

삶이 복잡하다는 것은 우선순위가 없다는 것이다. 우선순위가 없으니 의사결정을 할 때도 망설여지고 자신이 없었다. A를 하면서도 B를 걱정하고, 동시에 C를 생각했다. 내 삶에 무엇이 필요한지, 당장 무엇을 먼저 해야 하는지 잘 알지 못했다. 삶에 대한 주도권을 잃고 있던 것이다.

삶의 목표가 없으면 주도권을 갖지 못하고 이리저리 닥쳐오는 작은 문제만 해결하기에도 급급하다. 치열하게 '나라는 사람이 누구인지', '무엇을 해야 행복한지'라고 물어야 한다.

소중한 나를 위해 소중한 일부터

우선순위를 명확히 하지 않으면 모든 일들이 동일한 시간과 공간을 차지하게 된다. 중요하지 않은 일에 우선순위를 높게 두면 그 일이 나의 모든 시간을 잡아먹는다. 목표가 확실하지 않으니 우선순위를 모르고, 별로 중요하지 않은 일을 하느라 하루의 시간을 전부 허둥지둥 써 버리고 정작 중요한 일은 못하는 날이 반복된다.

시간은 관리하는 것이 아니라, 주어진 시간을 선택하고, 사용하고, 투자하는 것이다. 내 삶의 목표가 명확해야 시간 사용의 기준이 생긴다.

당신의 목표는 무엇인까? 당장 한 달 안에 이루고 싶은 목표도 있고, 비교적 장기 목표도 있을 것이다.

가치가 낮은 일, 무언가가 생산되는 것이 아니라 소비되는 일은 뒤로 미루거나 아예 하지 않아야 한다. 목표를 늘 생각하지 않으면 하루가 또 엉클어지고, 시간이 지났을 때 남는 게 없다는 생각이 들 것이다.

10여 년 전 직장 멘토에게 들은 '소중한 일 먼저 하기'를 떠올렸다. 인터넷에 검색해 보니, 아이젠하워 4분면이라는 표가 나왔다. 그 표에 의하면 급하고 중요한 일, 급하지는 않지만 중요한 일, 급하지만 중요하지 않은 일, 급하지 않고 중요하지도 않은 일, 이렇게 네 가지로 분류할 수 있다.

나에게 급하고 중요한 일은 상담과 유튜브 촬영, 글쓰기와 같은 생업과 관련된 일이다. 이런 것은 큰 돌이라 생각하고 시간

항아리에 먼저 자리를 잡는다. 가장 머리가 맑을 때, 다른 것에 주의가 분산되지 않을 상황에 집중해서 한다.

급하지 않지만 중요한 일은 위의 생업과 나의 발전을 위한 일이다. 꾸준히 습관처럼 숨 쉬듯 해야 하는 자기계발이다. 독서나 운동, 공부와 같은 것들이다. 나같은 싱글 맘은 아이들과 보내는 시간도 여기에 속한다고 생각한다. 적금을 들 듯이 꼬박꼬박 시간을 들여야 한다. 날 잡아 특별한 장소로 여행을 가는 것도 물론 좋은 방법이지만, 날마다 밥상에서 나누는 짧은 대화나 숙제를 도와주며 아이들의 학교생활에 대해 듣는 것이 유대감을 쌓기에는 더 중요하다. 그러면서 내가 사는 의미도 떠올리고, 각자의 삶을 공유하며 서로 응원할 수 있다.

급하고 중요하지 않은 일은 빨래나 청소 등 집안일이 있다. 주부는 밀린 집안일이 눈에 밟혀 중요한 일을 집중해서 해내지 못하곤 한다. 뭐 좀 하려다 보면 세탁기에서 소리가 나고, 물 한 잔 마시려고 주방에 갔다가 설거지가 쌓여 있는 것을 보고 손에 물을 묻힌다. 조금 있으면 밥 먹을 시간이고, 학교 갔던 아이가 금방 돌아온다. 정신 바짝 차리지 않고 중간중간 스마트폰 열어보면 눈 깜짝할 새에 하루가 지나갔음을 알게 된다.

나는 집안을 반짝반짝하게 유지할 생각을 버렸다. 집안일은 지금 하지 않아도 미래의 내가 할 거라고 생각하며 적당히 무시하고 산다. 잡다한 일을 내 손에서 놓을 줄 모르면 중요한 일을 할 시간 확보가 어려워진다. 특히 빨래나 청소 같은 일을 하면서 자기계발이나 심리학, 상담과 관련된 강의를 듣는다. 들으면서 일과 관련된 아이디어가 떠오르면 즉시 핸드폰에 메모하고, 인풋을 아웃풋으로 연결하기 위해 노력한다. 혹자는 '멀티태스킹이란 없다'며 뇌를 혹사하는 비효율적인 처리 방식이라고 멀티태스킹을 폄하한다. 하지만 1인 다역의 삶을 사는 싱글 맘은 멀티태스킹을 하지 않고는 성과를 낼 수 없다. 멀티태스킹 능력은 내 자랑이다.

급하지 않고 중요하지도 않은 일은 인터넷 쇼핑, 아무 생각없이 유튜브나 인스타그램 보기 같은 것이다. 여차해서 빠져들면 1~2시간은 순삭이다. 당장 핸드폰에서 유튜브앱 사용 시간을 확인해 보라. 책 읽을 시간은 10분도 없다고 생각하면서, 유튜브는 한 시간 이상 보는 모습을 발견할 것이다.

나는 목적없이 쇼핑 앱을 들락날락하며 보내는 시간이 많음을 깨닫고 쇼핑 앱을 모두 삭제했다. 또한 별로 중요하지 않은 카카오톡 메시지를 확인하느라 핸드폰을 자주 들여다본다는 생각이 들어, 카카오톡 앱의 알림도 껐다. '급한 사람은 전화하겠지'라고 생각하니 핸드폰에 얽매이지 않게 되었다. 나의 의지를 믿을 수 없으니 환경을 조절할 수밖에 없다.

목표는 결과를 만든다

이렇게 뚜렷한 목표를 가지고 시간을 관리하기 시작하면 인간관계와 돈씀씀이도 그에 맞게 편성된다. 괜한 가십이나 험담, 신세 한탄을 하는 사람은 멀리하게 된다. 내 목표 달성에 도움이 되지 않고 오히려 에너지만 빼앗기기 때문이다. 꿈을 공유하고 서로 응원하고 앞길을 축복할 사람만 만나기에도 인생이 짧다.

책이나 세미나를 통해 성공한 사람들을 만나면 의식이 확장된다. 갇혀 있던 굴레를 벗어나는 생각과 믿음을 갖기 위해 새로운 정보를 끊임없이 얻고 배움을 멈추지 않기 위해 노력해야 한다. 그런 지출은 소비가 아니라 투자이다.

요즘은 사업가나 메신저, 크리에이터 같은 능력자가 무료로 강의를 하는 모임도 많고, 유튜브에도 질좋은 무료 컨텐츠가 많다. 조금만 관심을 갖고 찾아 나서면 배움의 기회가 많다.

내 인생의 목표를 찾고 그것에 집중하면, 하루의 시간도 효율적으로 사용할 수 있게 된다. 거창한 계획표를 작성하지 않아도 소중한 일을 먼저 하면 나머지 일들은 사이사이에 알아서 채워져 나간다. 내 목표에 집중해 살다 보면 내 꿈을 응원하고 함께할 사람만 곁에 남게 된다. 그 사람들에게만 내 에너지를 써도 충분하다. 꿈을 위해 시간과 돈을 쓰고, 꿈을 이야기하는 사람들과 함께하기에도 인생은 짧다.

자신을 위한 교육비도 산정하라. 아이들 학원비도 많이 들겠지만, 나의 발전을 위한 교육비 지출도 필요하다. 보다 큰 꿈을 꾸고 그것을 실현시키려고 애쓰기 위해서는 끊임없는 불쏘시개가 필요하기 때문이다. 자기계발 시간을 내 성장을 위한 투자라고 생각하자.

성장하는 사람은
생각이 다르다

나는 세상 모든 만물은 성장하기 위해 창조되었다고 믿는다. 이 세상에서 살아가는 동안은 내가 그저 그 자리에 머무르고 싶어 아무것도 하지 않는다 해서 머물러지지 않는다. 아무것도 하지 않으면 오히려 퇴보하고, 현재 자리에 머무르기 위해서라도 부단한 노력을 해야 한다. 그 자리에 가만히 머물러 있기만 해도 상당한 에너지가 소모된다.

세상은 끊임없이 진보하고, 다른 사람들도 계속해서 무언가를 창조하고 이룩한다. 어차피 다 같이 먹고 생각하고 일하고 자며 하루하루 살아가는데, 이왕 에너지를 쓴다면 더 큰 것을 이루는 데에 쓰면 좋지 않을까?

나는 이 책을 읽는 여러분과 내가 '성장'을 꼭 염두에 두고 살았으면 한다. 성장한다는 것은 어제보다 오늘이 더 낫다는 것이고, 내일은 더 나아질 것을 의미한다. 비단 경제적인 성공, 은행 잔고의 성장, 자산의 상승을 이야기하는 것이 아니다. 오늘보다 내일 더 큰 꿈을 꾸고, 더 많은 것을 갈망하기를 원한다. 그리고 그 큰 목표를 위해 오늘보다 내일 더 열심히 노력하기를 원한다. 어린아이가 오늘은 걷다가 내일은 뛰는 것처럼, 날마다 새로운 것을 깨닫고 무언가를 성취하는 삶을 살기 바란다.

이전보다 더 넓게 더 깊게

이혼을 겪은 사람에게는 특별한 것이 있다. 이혼을 겪은 사람은 값비싼 고통의 대가를 치른 사람들이다. 나는 이혼이라는 과정을 통해 사람이 질적으로 달라진다고 믿는다. 나와 상담한 사람 중에도 이혼 후 세상이 다르게 보이고, 자신과 삶을 이전보다 깊고 넓게 바라볼 수 있게 되었다고 많이들 이야기한다. 이혼 전 짧게는 수개월, 길게는 수십 년의 마음고생을 하면서 다져진 내공이 있다. 결혼생활을 정리하며 여러 난관을 극복해 온 경험이 곧 성장이다. 이혼 후 그 경험을 디딤돌 삼아 더 큰 성장을 바라볼 수 있을 것이다.

코칭전문가 아리카와 마유미는 저서 《서른에서 멈추는 여자, 서른부터 성장하는 여자》에서 아래와 같이 썼다.

쉬운 선택에는 딱 그 정도의 결과밖에 따르지 않습니다. 인생은 선택의 연속입니다. (중략) '앞으로 나갈 것인가, 뒤로 물러날 것인가' 이런 선택의 순간이 끊임없이 이어지며, 우리들은 각자의 의지로 그것을 선택해왔습니다. 그러므로 현재 나의 모습은 나의 선택의 결과입니다. 이 속에서, 서른부터 성장을 거듭한 사람들은 항상 어려운 쪽을 선택한 사람들입니다.

위험을 피하는 데 몰두하느라 진정한 삶을 살지 못하고 있지는 않은가? 기꺼이 불안을 경험하고 세상으로 나가 실패를 맛볼 각오를 해야 무언가를 성취할 수 있다. 위험을 무릅쓰고 도전하기에는 큰 각오가 필요하다. 시도하고 체험하면서 작은 성공을 경험하면 그 에너지로 계속 도전하고 앞으로 나아갈 수 있다. 그 과정에서 내가 어떤 사람인지 발견하고 나다운 삶을 꿈꿀 수 있게 된다. 그런 분들에게 실행의 용기를 불어넣어 주는 것이 상담사로서의 나의 역할이다.

우리들은 모두 가치 있는 존재들이다

영미 씨는 이혼하고 무기력한 생활을 하고 있었다. 그러던 차에 우연히 시청한 유튜브에서 온라인 쇼핑몰에서 월 천만 원을 벌고 있다는 사람의 인터뷰를 보았다. 그동안 쿠팡 물류 센터, 배달의민족 라이더 등 몸이 고달픈 일을 하던 영미 씨는 '컴퓨터 앞에 앉아서 200만 원을 벌 수 있다니' 하며 관심이 생겼다.

하지만 그녀는 온라인 쇼핑몰에 대해 아는 것이 하나도 없었다. 어떤 물건을 팔아야 할지도 막막했다. 그녀는 '내가 좋아하는 것을 팔아야겠다'는 생각으로, 헤어 액세서리와 귀고리, 목걸이 같은 주얼리를 팔기로 했다. 그러나 대체 어디서 물건을 떼서 파는 건지 알 수가 없었다. 그녀는 홍대 액세서리 가게에 들어가 "이 물건들 어디서 가져오는 건가요?" 하고 물었다. 문전박대를 당하며 여러 가게를 돌아다닌 결과, 한 군데에서 지나치게 친절할 정도로 자세하게 알려 주는 사장님을 만날 수 있었다.

그녀는 그 사장님이 알려 준 대로 남대문 도매시장에 갔다. 남대문 도매시장은 만만한 곳이 아니었다. 딱 봐도 한눈에 초보 티가 나는 영미 씨는 도매상들이 눈길도 주지 않았다. 하지만 매일같이 출근 도장을 찍으며 드나든 결과, 유행하는 아이템과 대략적인 도매가격에 감을 잡을 수 있었다. 그런데 또 난관이 있었다. 상품이 잘 팔리려면 사진을 잘 찍고 상세 페이지를 잘

꾸며야 하는데, 해 보지 않은 일이라 난감했다.

그녀는 딱 맞는 온라인 강의를 찾아 수강했고, 배운 그대로 실행했다. 그녀가 평소 좋아하는 예쁜 물건들이라 일을 하면서도 힘들지 않고 오히려 재미있었다고 한다. 처음엔 검색 노출도 안 되고 쇼핑몰에 방문하는 사람이 하나도 없었다. 하지만 꾸준히 한 결과, 한 머리핀이 대박이 났다. 그러자 쇼핑몰 방문자가 많아지고 다른 상품으로도 판매가 이어져 지금까지 꾸준한 매출을 올리고 있다.

우리가 지금까지 무언가를 이루지 못한 것은 능력이 부족해서가 아니다. 도전하지 않아서이다. 계획을 세운다, 준비한다, 조사한다는 이유로 실행하지 않기 때문이다. 실행하지 않으니 아무 일도 벌어지지 않는다. 도전해 보지 않고서는 우리가 무엇을 해낼 수 있는지 아무도 알 수 없다.

《우리들은 모두 가치 있는 존재들이다》의 저자 린제 홀은 이렇게 썼다.

인생에서 무엇보다 바람직하지 못한 것은 스스로가 결정을 내리지 못하고 시도조차 못 하는 인생을 살아가면서 모든 것이 뜻대로 안 되는 자신을 스스로 잘못된 인간이라 생각하는 것이다.

해야 하는 일, 하고 싶은 일이라면 일단 시작하자. 일단 진행해 나가면서 계획을 세우고, 잘못한 것이 있으면 시행착오를 거치면서 수정하면 된다. 세상에 완벽한 계획이란 없기에 실행 전에 아무리 고민하며 준비해 봐야 그 계획대로 일이 진행되지 않는다. 영미 씨처럼 일단 실행하고, 맨몸으로 부딪치면 고비마다 도와줄 사람이 나타나거나 방법이 생기게 마련이다.

그리고 할 수 있다는 자신감과 꼭 해내고야 말겠다는 의지를 가지자. 끈기와 자신감, 의지는 모두 타고나는 능력이 아니다. 김연아나 손흥민 선수를 보면 끈기와 의지도 타고난 정신력으로 보이긴 하지만, 우리가 이룩하고자 하는 것은 천부적인 재능을 요구하는 목표가 아닐 것이다. 끈기야말로 노력의 영역이고 평생에 걸쳐 개발해야 할 후천적인 능력이다. 시도하고, 끈기 있게 도전하면 무엇을 하든 지금보다는 나은 나를 발견할 것이다. 오늘 못 하면 내일은 더 못한다.

내 인생이 계획대로 되지 않는다고 억울해할 필요가 없다. 겪지 않았어도 될 일을 겪었다고 서러워하지 말자. 우리가 이혼이라는 과정에서 난관을 잘 헤쳐나오고 그로 인해 이제 무언가를 이룩해내면 우리가 겪은 난관이 무엇이냐는 중요하지 않다. 오히려 '그 일로 인해 지금의 내가 있다' 하며 뿌듯해하며 회상할 것이다. 사람들도 우리의 극복 경험에 찬사를 보내고, 성공담으로 받아들일 것이다.

홀로서기 TIP ───

목표를 설정하고 어떻게 하면 목표를 달성할 수 있는지 개별적인 세부 목표와 단계를 생각해 보자. 목표를 정하고 순서를 따르면 된다. 목표를 이루는 것 외에는 걱정하지 말자. 아직 생기지도 않은 부수적인 문제를 걱정하느라 정작 해야 할 일을 못 하지 말자. 목표에 집중하면 다른 문제는 해결된다. 일단 뛰어들기만 하면, 그리고 무식하게 밀고 나가면, 막연하게 보이는 목표라 하더라도 의외로 쉽게 느껴진다.

이혼해도
안 죽는다

나와 상담한 어느 사람이 이렇게 말했다.

"선생님은 능력도 있고 강단도 있어서 이혼하고도 이렇게 뭔가를 이루고 잘 사시지만, 저는 그렇게 살 자신이 없어요."

그녀는 아이 둘에, 나이도 마흔이고, 지금 사는 지역에는 여자가 일할 만한 일자리도 별로 없으며, 둘째도 세 살이라 도무지 일을 할 수가 없다고 했다.

이혼하려면 일을 해야 하는데 일은 못 하겠고, 이혼 않고 살려니 남편을 견디기 힘든 그런 갈팡질팡 괴로운 상황에 처한 사람들이 나를 많이 찾는다. 그러면서 그녀는 이혼을 할지 말지, 하면 언제 할지, 누가 딱 정해줬으면 좋겠다고 덧붙였다.

무엇이든 마음먹기에 달렸다. 남편이 나에게 이혼해 달라면서 한 말은 '이 집에서 아이들이랑 계속 살게 해줄게'였다. 도무지 상식적인 대화가 되지 않았다. 남편은 생활비도 끊었다. 하지만 내가 취직을 해서 돈을 벌며 이혼해 주지 않고 버티자 남편은 당황하고 초조해했다. 그런 상태로 6개월, 1년…. 시간이 흐르며 나의 불안도 커졌다. 이윽고 남편이 자기 명의의 주택담보대출을 갚지 않아 아파트가 경매에 넘어갈 지경에 이르렀다.

'경매에 넘어가면 곤란해지는데. 그냥 그가 제시한 조건으로 이혼을 받아들여야 하나?' 하는 조급한 마음이 들었다. 이러다가 한 푼도 못 건지고 아이들과 길바닥에 나앉을까 봐 조바심이 들었다. 하지만 나는 처음부터 이혼의 기준을 집으로 세워 놓고 있었다.

도움은 있기 마련이다

할머니는 돌아가시기 전 나를 마지막으로 만났을 때, "아이들 잘 키워. 아이들 잘 키워"라고 말씀하셨다. 할머니가 내게 하신 유언이나 다름없었다. 아이들을 잘 키우려면 돈이 있어야 했다. 살 집이 있어야 했다. 돈이야 내가 무슨 수를 써서라도 생활비를 벌겠다는 자신감이 있었지만, 집은 그렇지 않았다. 내 통장에는 퇴직금과 보험 해약한 돈 2,000만 원이 전부였다. 친정엄마가 뇌수술 후유증을 앓고 있었기에 친정에 도움을 요청할 엄두도 나지 않았다. 당장 아이들과 함께 길거리에 나앉을 것 같은 두려움에 시달렸다.

하지만 두려움만으로는 상황을 해결할 수가 없다는 것도 알고 있었다. 그러다 한때 크게 유행했던 론다 번의 《시크릿》, 이지성의 《무지개 원리》 같은 책에서 읽은 내용이 기억났다. 바라는 바가 이미 이루어졌다고 믿으며 생생하게 그 기분을 느끼면, 상상에서 이룬 것처럼 현실에서도 실제로 이루어진다는 내용이었다.

그 책들을 읽었을 당시에는 간절히 원하는 것이 딱히 없었기에 실행할 생각이 없었다. 하지만 일생일대의 위기에 처하자 지푸라기라도 잡는 심정으로 그 책들에 나온 대로 '끌어당김의 법칙'을 믿어보기로 했다. 밤마다 잠들기 전 내 이름이 적힌 부동산 계약서를 상상했다. 이 집에서 아이들이 다 클 때까지 사는 상상을 했다. '아이들을 지켜낼 힘을 주세요. 집이 있어야 제가 아이들을 잘 키울 수가 있어요'라고 신께 기도했다.

이혼하고 한참 후 돌이켜 생각해 보니, 이혼 과정 중에 내가 바라던 모든 것이 이루어져 있었다. 직장도 구했고, 재산 분할로 집도 받았고, 아이들도 크게 아프지 않고 잘 적응했다.

첫째의 퇴행과 공격 행동, 둘째의 원인 모를 피부병도 나아졌다. 너무 큰 욕심인가 싶었던 일들이 하나하나 해결된 것이다. 마치 커다란 내 인생의 체스판에서 커다란 손을 가진 누군가가 말을 하나씩 옮겨 해결해 준 듯한 느낌이 들었다. 물론 그 당시는 괴롭고 힘들었지만, 지나고 나니 질서를 잡는 과정이었다. 그렇게 '어떤 커다란 손을 가진 누군가가 있구나' 하는 막연한 생각이 신앙심이 되었다.

신은 밤마다 간절하게 되뇌인 나의 기도를 들으시고 응답하셨다. 아이들을 잘 키울 수 있도록 힘과 지혜를 달라고 간구하는 나의 기도가 하늘의 뜻에 합당한 기도였으리라.

나는 지금도 상담하면서 내담자에게 "된다고 생각하고 간절히 바라세요"라고 말한다. 내가 경험한 신은 간절한 기도에 반드시 응답하기 때문이다. 이혼을 앞둔 상황에 엄마들은 아이들 걱정을 먼저 한다. 엄마가 아이를 위해 하는 기도가 하늘에 올라가지 않을 리 없다.

이혼을 홀로서기를 위한 발판으로

내 인생에 벌어지는 모든 일들은 나를 성숙하고 현명하게 만들기 위해 설계된 것이라 생각하니 죄책감이나 수치심도 줄어들었다. 아침부터 유치원에 일등으로 등원하고 학원 뺑뺑이 돌다가 늦게 귀가하는 아이들을 고생시켜 미안하다고 생각했지만, 많이 미안해하지 않기로 했다.

내가 싱글 맘으로서 가족의 생계를 위해 최선을 다하고 있고, 가족의 미래를 위한 노력이었기 때문에 함께 고생하는 것이라고 생각했다. 아이들에게도 각자의 일을 스스로 하도록 훈련했다. 먼저 내가 하고자 하는 일이 무엇인지, 왜 해야 하는지, 내 꿈이 무엇인지를 공유하고 성과도 공유했다. 이 생활이 지극히 정상이고, 우리 가정이 잘 돌아가고 있다는 느낌을 주고 싶었다. 아이들은 다른 가족이 어떻게 사는지는 잘 모른다. 모든 것이 엄마의 관리 아래 잘 통제되고 있다고 생각하면 큰 결핍을 느끼지 못한다.

엄마가 아이들을 불안한 눈으로 보고 미안해하면 아이도 자기의 생활에 연민을 느끼고 다른 집과 비교할 눈이 생긴다. 아이들은 엄마를 통해 세상을 본다. 나는 아이들이 세상을 비관하지 않았으면 좋겠다. 누가 뭐래도 스스로 당당하고, 남의 평가에 자신의 중심이 흔들리지 않았으면 좋겠다. 도전하면 성과가 있고, 최선을 다해야 떳떳하고, 간절히 바라고 노력하면 온 우주가 나를 돕는다는 생각으로 열심히 살았으면 좋겠다. 아이들을 그렇게 키우려면 내가 먼저 그런 태도를 가져야 한다.

남편 바람은 내가 바란 일도 아니었고, 내가 통제할 수도 없는 일이었다. 그의 마음을 되돌리려고 노력했지만 허사였다. 이미 남편이 바람나기 전 부부 사이가 끝난 관계나 다름없음을 시간이 지남에 따라 알게 되었지만, 받아들이기 힘들었다. 남편 바람은 내 통제 밖의 일이었다. 이혼도 마찬가지다. 나는 이혼을 선택하지 않았다. 이혼할지 말지 선택할 여유조차 없이 이혼으로 떠밀린 것이다.

하지만 남편이 외도해서 가정을 버렸다는 것, 이혼한다는 것 외의 일은 내가 통제할 수가 있었다. 내가 바꿀 수 없는 것은 받아들이고 내가 할 수 있는 일에만 힘을 쏟았다. 열심히 일하고, 집에서는 열심히 아이들 키우고 살림하고, 미래를 위해 공부했다. 그러면서 내가 진짜 추구하는 가치가 무엇인지, 진짜 원하는 바가 무엇인지 생각해 보고 그것에 전념하는 것만이 내가 할 일이었다. 어차피 이미 잃은 것에 대해서 후회하고 아쉬워해 봐야 바뀌는 것은 없다. 내가 바꿀 수 있는 것은 미래이지, 과거가 아니다.

이혼은 결혼생활의 실패이지, 인생의 실패는 아니다. 이혼한 지 7년이 된 지금 되돌아보면, 내가 인간으로서 성장하고 나 자신에게 시간을 할애할 기회였다. 결혼 전 혼자였던 삶과 이혼 후의 삶이 같을 수는 없다. 갑자기 주어진 자유를 어찌할 바를 몰라 공허하게 느낄 수도 있다.

스스로가 누구인지, 원하는 것이 무엇인지에 대해 알지 못하고, 길을 잃은 느낌일 수도 있다. 사실 나는 이혼하기까지 나 자신에 대해 깊이 생각해 보지 못했다. 하지만 그 공허함과 혼란이 결국 나에게는 득이 되었다. 나를 계속 모르고 살면 어쩔 뻔했나!

홀로서기 TIP ─────────────────────────

사람은 긍정적인 생각과 부정적인 생각을 동시에 할 수 없다. 빛이 있으면 어둠은 물러가게 마련이다. 내 마음의 방에 어둠이 머물게 할지, 빛이 머물게 할지는 나의 선택에 달려 있다. 지금의 이 기회를 내가 인간으로서 성장하고 앞으로 나아갈 기회로 받아들여야 한다. 이별 후의 삶은 재앙이 아니다. 성장할 기회일 뿐이다!

당신은
행복할
권리가 있다

남편과 이혼 소송 중에 개인이 운영하는 작은 상담소에 취업했다. 나도 그곳에서 상담을 받았고 큰 힘을 얻어서 그곳에 취업한 것이 영광이었다. 무엇보다 나에게도 너무나 절실했던 외도와 이혼에 관련된 일이니 같은 처지의 사람들과 소통하고 돕는다는 생각으로 열심히 했다.

나는 네이버 카페와 블로그를 만들고 신문 칼럼에 대신 투고를 하며 홍보와 마케팅을 했다. 나의 이혼 이야기를 카페 게시판에 올리자 같은 상황의 아내들에게서 많은 공감을 불러일으켰다. 특히 남편이 바람난 걸 알고 상대 여자 회사에 가서 개망신을 주고 머리채를 잡아 뜯은 것에 많은 사람이 통쾌해했다.

내가 역경을 이겨내고 꿋꿋하게 살아내는 스토리가 다른 사람들에게 감동과 자극을 주었다. 직장생활하면서 두 아이를 책임지는 모습을 부러워하기도 하고 안쓰러워하기도 했다. 나는 나에게 도움을 청하는 사람에게 밤낮으로 댓글과 쪽지로 조언을 해 주었다.

그러다 나와 비슷한 경험이 있는 분이 같이 유튜브를 하자고 제안했다. 남편의 외도를 잡고 가정을 회복시키거나 이익이 되는 이혼을 하기 위해 어떻게 해야 하는지 일주일에 두 번 찍어 유튜브에 올렸다. 비극을 경험한 것에 주저앉지 않았고, 그 어둠에서 헤쳐 나온 경험을 다른 사람들과 나누었다. 내 경험에 지식과 노하우를 더한 것이 나의 콘텐츠가 된 것이다. 반응은 가히 폭발적이었다. 나의 콘텐츠에 상담 요청이 쇄도했다. 나는 상담을 제대로 배우고 싶어서 대학원에 다니는 중이었는데, 졸업 전부터 인기 상담사가 되었다.

지금도 카페에 내가 쓴 글에는 배우자 외도로 고통받고 어찌할 바를 모르는 사람들의 댓글이 줄줄이 달린다. 내 경험에 공감하고, 서로가 '나만 겪는 고통이 아니구나' 하는 위안을 받는다. 회원끼리 한바탕 성토 대회가 열리기도 한다. 각자 자기가 겪은 일이 더 황당하고, 자기 배우자가 더 나쁘고, 자기 신세가 가장 처량하다는 것이다. 하지만 모여서 함께 웃고 떠드는 한편의 마당놀이 같은 신나는 자리이다. 비참하게 느껴질 수도 있는 상황을 한바탕 욕하고 서로 웃고 힘을 얻는 게시판 놀이다. 언제 끝날지 모르는 터널 속에 있던 사람들이 서로의 희망이 되어 준다. 이혼하면 인생이 망하는 줄 알고 겁먹었던 사람들이 두 아이들과 행복하게 잘 사는 나의 모습에 희망을 갖는다.

나의 꿈은 언제나 한결같다. 배우자 외도와 이혼이라는 절망 속에 있는 사람들에게 희망을 주고 싶다. 외도한 배우자와 회복해서 외도 전보다 더 좋아질 수 있고, 불가피하게 이혼하더라도 더 잘 살 수 있다는 희망을 주고 싶다. 용기가 나지 않아 이도 저도 못하고 망설이는 사람들에게는 실행의 힘을 불어넣어 주고 싶다.

이 책을 읽고 이혼에 대해 고민하는 사람들이 스스로 질문하고 결정할 수 있기 바란다. 어떤 사람들에게는 '이 정도면 그럭저럭 괜찮은 결혼생활이구나' 하는 안도를, 어떤 사람들에게는 '이혼해도 안 죽는구나' 하는 위안을, 어떤 사람들에게는 '이혼하면 더 잘 살 수 있겠다'라는 희망을 주고 싶다.

부록 ──

홀로서기
카운슬링

홀로서기 카운슬링

1. 이혼의 결심

사연

남편은 저를 전혀 이해하지 못해요. 같이 살면서도 왜 결혼했나 싶을 정도예요. 제가 가진 고통이 모두 남편에게서 비롯된 거 같아요. 남편의 말과 행동 때문에 상처를 많이 받았어요. 그리고 그가 제 감정을 항상 외면하니까 저를 사랑하지 않는다고 느껴요. 사랑받지 못하는 제가 한없이 가엽고 비참했기에 이혼하려고요. 그를 떠나면 이 비참함이 사라지겠죠?

카운슬링

마음이 많이 상하셨군요. 누구나 마음이 상하면 상대방의 입장을 생각할 여유를 잃어버립니다. 그리고 자신이 받은 고통의 구렁텅이에 빠져 자신의 처지만 생각나지요. 나를 이렇게 만든 상대에 대한 적개심과 분노에 휩싸일 수밖에 없습니다. 모든 문제는 상대에게 있는 듯하지요. 어떨 때는 절대 용서가 되지 않아서 이혼까지 결심하게 됩니다.

상대가 기울인 노력, 상대가 보인 배려, 상대 때문에 받는 혜택처럼 좋은 면이 있다고 해도 자신에게 준 상처 쪽으로만 기울며 그에 대한 모든 것을 거부하고, 이분법적으로 생각할 수밖에 없어요.

하지만 대개 이럴 때는 나 자신의 과거 상처나 성격도 얽혀 있음을 생각해야 합니다. 이 점을 깨닫지 못한다면, 설령 다른 대상을 만난다 해도 또 같은 일로 상처받을 것입니다.

남편이 나를 괴롭게 한 것이 아니라, 결국 내가 나를 괴롭게 한 것은 아닐까요? 우선 내 안의 나를 제대로 보시길 바랍니다. 내가 원하는 것을 알고 나면, 남편이 원하는 것을 알아차릴 수 있을 것입니다. 무엇보다 남편의 말과 행동에 내 맘대로 짐작하고 해석하지 않고, 남편의 말과 행동에 휘둘리지 않게 될 것입니다. 내가 바라는 바가 무엇인지도 정확히 알아야, 상대에게 요구하고 조율해 나갈 수 있지요.

2. 이혼의 이유

사연

남편을 떠나 이혼하면 정말 홀가분하고 좋을 것 같아요. 하지만 남편이 원래 저런 사람이 아니었거든요, 왜 그렇게 변했을까요? 제발 아이 아빠이기도 하니까, 정신 차리고 잘 살았으면 좋겠어요. 그래서 제가 떠나지 않고 옆에서 사람 만들어 보려고 여태 노력한 것이에요. 저러고 살다가 나중에 우리 아이도 힘들게 하면 안 되잖아요. 그리고 아이들도 엄마 아빠 이혼을 원치 않아요. 이혼하지 말래요. 아이들 때문에 이혼할 수도 없고 정말 마음이 복잡해요.

카운슬링

솔직히 가슴에 손을 얹고 생각해 볼까요? 아이 때문인지 아니면 나 때문인지요. 세상 모든 일은 결정한 사람이 책임을 집니다. 이혼 결정은 아이에게 있지 않습니다. 이혼하지 않는 것이 아이를 위한 선택인양 하면서 여전히 남편 탓만 하면 현실은 답답하기만 할 것입니다.

아직도 상대가 변하리라고 생각하시나요? 상대가 변하길 기대하며 고통스러워할 것인지, 내 생각과 감정과 행동을 통제할 것인지는 선택에 달렸습니다.

스스로 선택한다는 것은 내가 나를 믿는 것입니다. 나 자신을 잘 알고, 내가 나를 아끼고 사랑하고 있음을 믿는 것이지요. 내가 무엇을 생각하며 어떻게 느끼는가를 분명히 하는 것, 다른 사람이 말하거나 어디서 읽은 것이 아니라 정말로 내가 믿는 것을 찾는 것, 타인을 대함에 있어서 내 신념에 진실해진다는 사실이 중요합니다. 홀로서기를 하려면 이러한 마음가짐부터 있어야겠습니다.

사연

남편이 바람을 피웠는데 이혼을 안 해 줘요. 자기가 바람을 피우고도 이혼을 안 해 주겠다니, 무슨 심리일까요?

카운슬링

이혼은 남편이 해 주는 것이 아닙니다. 내가 하는 것입니다. 철저하게 내 기준으로 결정해야 합니다. 이혼하는 것이 경제적으로 이득인지, 그냥 사는 것이 나은지 생각해 보세요. 앞으로 어떻게 살 것인지에 대한 계획이나 각오도 없이 이혼하겠다고 요구하는 것은 무모한 짓입니다.

아이러니하게도 이혼을 위해 남편과 전보다 더 많은 대화를 나누어야 할 수도 있습니다. 이 결혼생활이 현재 어떤 상황이고, 더 이상 개선의 여지가 없고, 함께할수록 서로에 대한 악감정만 쌓일 뿐이라는 것을 담담하게 이야기해야 하지요. 그리고 남편도 스스로 결정할 수 있도록 시간을 주어야 합니다. 이 과정에서 서로의 분노가 걷히고 속감정이 드러나 진짜 소통이 일어나기도 합니다.

오히려 내려놓고 만나니 솔직한 이야기가 오가지요. 이혼의 각오까지 했기 때문에 두려움이나 오기 없이 오히려 서로의

민낯을 볼 수가 있습니다. 그때 다시 한 번 두 사람에게 기회가 주어집니다.

남편이 바람을 피운 것을 알고 '안 그래도 버리려고 했는데 잘됐다'며 이혼한 사람들도 시간이 지나 상담하러 오기도 합니다. '이혼할 당시는 내가 남편을 버린 기분에 후련했는데, 사과 한마디 못 받고 반성도 안 하고, 여전히 상간녀와 행복하게 산다는 전남편 생각하면 분노가 점점 더 커진다'라고 호소하시지요.

남편이 제시한 유리한 조건을 받아들여 이혼을 흔쾌히 결정한 경우도 마찬가지입니다. 이혼 당시에는 남편을 버리는 것에 대한 만족과 남편 재산을 몽땅 뺏는다는 통쾌함에 이기는 느낌이 들지 모릅니다. 하지만 시간이 지나면, 갑작스레 준비 없이 이혼녀가 된 내 신세가 한탄스럽게 느껴지고, 아직도 남편과 만나며 내 자리를 차지한 상간녀 소식을 듣고 화가 날 수 있습니다. 그때 가서 뒤늦게 분풀이를 하기도 우습고, 이혼했기 때문에 응징할 권리도 없어 어찌할 도리가 없으니 미리 준비하시길 바랍니다.

4. 성매매

사연

남편이 성매매를 해서 걸렸어요. 그런데 무릎 꿇고 싹싹 빌면서 한순간의 잘못이라고 하더라고요. 너무 더럽고 낯설게 느껴졌어요. 그래서 이혼을 준비하고 있어요. 그런데 남편이 이미 용서를 빌었는데, 왜 자꾸 이혼을 하자고 요구하냐며 재산은 안 주겠다고 해요. 앞으로 눈 감고 살아야 할까요? 어떤 것으로 제 마음을 보상받을 수 있을까요? 너무 고통스럽습니다.

카운슬링

남편에게 많이 의지하고 있을수록, 아내의 배신감과 충격도 그만큼 크겠지요. 고생이 많으셨습니다. 긴 숙고 끝에 진짜 이혼해야겠다는 판단이 서면, 남편에게 요구나 협상을 하지 말아야 합니다.

남편에게 이혼을 요구하는 분들은 흔히 '아이들과 살게 이 집을 달라', '네가 부정행위를 해서 이혼하는 거니까 주던 생활비도 그대로 주고, 너는 맨몸으로 나가라'처럼 본인에게 유리한 조건의 이혼을 요구합니다. 남편에게 '이 조건으로 이혼해 달라' 하고 요구하면 오히려 '나는 너 없이는 못산다, 나는 너에게 의존하고 있다' 하는 고백처럼 들려 남편이 아내를 더 우습게 보는 결과만 초래합니다.

남편이 가정 파탄의 책임을 인정하고 사과하고 반성할지라도, 보통 재산에 있어서는 크게 양보하지 않습니다. 이혼 소송을 하더라도 유책 배우자라고 해서 재산 분할이 불리하게 판결이 나지도 않습니다.

내가 진짜 이혼할 준비와 각오가 되었을 때, 남편에게는 통보나 설득을 시도해 보세요. 이때 남편을 설득하는 방법은 이혼이 나를 위해서가 아니라 남편을 위해서도 최선이라는 사실을 스스로 깨닫도록 하는 것입니다.

사실 이혼으로 해결되는 것은 아무것도 없습니다. 이혼 전에 해결하지 못한 것은 이혼 후에는 더 해결하기 어렵습니다. 감정 문제가 특히 그렇지요. 남편과 이혼하고 남이 된다 해서 남편에 대한 감정도 순식간에 사라지지 않습니다. 오히려 더 괴로워질 수도 있습니다.

남편 때문에 고통스럽다는 것은 어찌 보면 아직 남편이 나에게 중요한 존재라는 증거입니다. 남편이 이혼을 원하지 않기 때문에 오히려 이혼으로서 남편을 벌주고 싶은 것은 아닌지요? 남편과 이혼했다 가정하고 정서적 이혼 상태로 살면서 진짜 이혼에 대해 숙고해 보시기 바랍니다.

5. 마음 정리

사연

이혼하고 남편과 살던 집에서 이사하면서, 결혼 앨범과 대형 결혼 액자를 어떻게 처분할지 고민이 되더라고요. 그냥 쓰레기 봉투에 넣자니 가족과 지인의 얼굴 사진이 있어 꺼림칙하고, 불태울 수도 없구요. 맘카페에서 '이혼 결혼 액자'라고 검색하니 저 같은 사람들이 올린 질문이 얼마나 많던지. 그 와중에 헛웃음이 나오더군요.

오랜만에 펼쳐본 결혼사진 속 행복하게 웃고 있는 나의 모습이 너무 가여웠어요. '넌 결혼이 뭔지, 이 남자가 어떤 사람인지 아무것도 모르면서 행복하게 웃고 있구나'라고 생각했죠. 행복한 가정이라는 나의 꿈을 이루지 못한 채 이렇게 내 인생의 한 소절을 접나 싶었어요.

카운슬링

저도 이혼하고 한동안은 남편과 행복했던 순간마저도 떠올리기 힘들었습니다. 곱씹고 또 곱씹을수록 남편이 내 기억 속에서 나쁜 남자가 되어가고 있었죠. 잘 해 준 것, 행복했던 기억은 억지로 구석으로 밀어 넣었어요. 그가 화를 내거나 퉁명스럽게 굴거나 서운하게 했던 일, 슬프고 억울했던 기억만 새

록새록 떠오르더군요. 그렇게 점점 학대받은 나, 불쌍한 나로 내 기억이 채워지고 있었지요.

도대체 이혼하고서도 과거의 기억까지 되새김질하며 그를 나쁜 사람으로 만든 이유가 뭘까요? 아마 그를 더 미워해야만 내가 선택한 이혼에 대해 스스로 납득이 되어서인 것 같습니다. 아니, 어찌 보면 이혼을 내가 선택한 것도 아닌데 이혼을 하게 된 상황에 대한 합리화를 하고 싶었는지도 모릅니다. '그런 나쁜 놈이랑 잘 헤어진 거야. 너 별로 행복하지 않았잖아' 하는 위로를 나 자신에게 하고 싶었던 것 같아요.

하지만 몇 년이 지난 지금은 그럴 필요가 없었다는 생각이 듭니다. 그와 나의 관계가 끝난다 해서 과거의 경험과 감정까지 부정할 필요 있을까요? 과거의 기억까지 돌아가 그 순간을 불행하게 만들 것까지는 없습니다. 그 시절의 좋은 감정은 여전히 내 것으로 그대로 놓아 두세요. 내가 헤어지는 것은 불행한 결혼생활과 나를 불행하게 만든 남편입니다. 예전의 사랑했던 대상과 행복한 감정은 지금의 불행과 동떨어지게 놓아두는 것이 나를 지키는 방법입니다. 내 젊은 날의 사랑과 희망은 여전히 내 것으로 남겨 두고 남편만 떠나 보내세요. 그렇게 내 삶의 연속성을 지켜내고, 행복을 이어가세요.

6. 감정 마주하기

사연

남편이 제게 이혼하자는 말도, 문자나 쪽지 한 장도 남기지 않고 집을 나가 연락두절이 되었어요. 남편이 회사에 출근하는 것을 아니까 만나려면 회사로 찾아갈 수도 있어요. 하지만 이렇다 할 설명조차 없이 저를 버리고 떠난 남편을 찾아가 만나기도 자존심이 상해요. 한편으로는 겁이 나요.

지금이야 모른 체하고 집 나간 남편을 기다리는 아내로 살 수 있지만, 남편이 이혼을 요구라도 하면 제가 어떻게 대응할지 모르겠어요. 그가 이혼을 하고 싶은지, 저를 겁주고 싶은지, 제게 항의하는지 알 수가 없어요. 남편은 지독한 회피형 같아요. 그동안 부부간에 문제가 많았는데 다 회피하며 살았어요. 너무 답답합니다.

카운슬링

자신의 감정을 똑바로 바라보지 않고 회피하게 되면 평생 진짜 감정을 마주하지 못하고 겉도는 관계로만 살 것입니다.

회피만 하는 사람과 어떻게 긴 시간을 같은 곳을 보고 살아갈 수 있을까요? 관계에 있어서 일방적인 것은 없으니까요. 관계를 조금 더 냉정하게 인정하고 받아들이는 자세가 필요해 보입니다. 남편이 나에게 어떤 존재인지, 앞으로 남편 없는 인생은 어떻게 살지 생각해보는 시간을 가지시기 바랍니다. 관계에 있어서 100퍼센트 남편 탓, 남편의 잘못이라고 생각하다가 점점 시간이 지나면 '나도 잘못이 있다'라는 생각을 갖는 분도 많습니다. 온통 원망만 하다가도 시간이 지나면 '이제 그를 용서하고 내 마음에서 놓아주고 싶다'는 생각이 든다고도 하지요.

상대가 용서를 구하지 않아도 우리는 상대를 용서할 수 있습니다. 그리고 나의 책임을 인정하고 감당함으로서 나 자신도 용서할 수 있게 됩니다. '내가 이렇게 했었더라면…' 하는 후회 또는 '나는 최선이었어, 나는 잘못이 없어' 하는 회피가 아니라, 내가 잘못한 것에 대해 책임을 지고 나 자신을 용서하는 것입니다. 그러면 죄책감과 수치심에서 벗어나 다시 시작할 자유를 맞게 됩니다. 남편을 따라가지 말고 관계의 주도성을 내 쪽으로 틀어 보세요.

7. 용서

사연

폭력을 쓴 남편 용서하려고요. 화가 나서 몇 번 벌어진 일이
니 일단 덮고 넘어가기로 마음을 먹었습니다. 아직은 아이도
어리고, 저도 경제적인 능력이 없어서요. 이게 맞는지 모르
겠지만 지금은 이혼을 못 하니까 어쩔 수 없네요. 저 앞으로
잘 살 수 있을까요?

카운슬링

남편의 외도나 폭력, 도박 같은 사건은 아내에게 너무나도 큰
고통과 충격을 주기 때문에 그 일을 겪은 아내들은 감정적으
로 생각하고 결정하기가 쉽습니다. 당장 너무 괴롭고 힘들어
모든 것을 포기하고 싶어집니다. 일단락 짓고 넘어간다 해도
고통이 끝나지 않지요.

이런 고통 속에서도 견뎌내고 신뢰할 수 없는 남편과 계속 같
이 산다는 것은, 이혼하는 것보다 어쩌면 더 큰 용기를 필요
로 합니다. 남편에게 한 번 더 기회를 주는 믿음의 표현이고,
아이를 위해 희생하겠다는 숭고한 의지의 표명입니다. 내가
홀로서기 할 준비가 되지 않았다는 현실을 직시한 지혜로운
선택이기도 합니다.

간혹 어떤 사람은 '나이가 들면 신경 끄고 살 수 있지 않을까요?'라고 묻는데, 전혀 아닙니다. 나이가 들면 남편에게 기대가 없어지고 감정도 둔해질 것 같지만, 그렇지 않지요. 저는 상담하며 60~70대 어머니들도 많이 만납니다. 함께해 온 시간이 길수록 남편의 배신으로 인한 상처와 분노를 크게 느낍니다.

그리고 평생 남편에게 속고 배신당하기를 반복하며 살아온 자신에 대한 감정도 부정적이지요. '바보같이 그렇게 살았다'라고 스스로 비하하는 모습을 자주 봅니다. 자녀들만 바라보고, 그렇게 참고 사는 것이 자녀를 위한 것이라고 생각했는데, 이제 성인이 된 자녀들이 오히려 엄마를 원망하거나, 결혼에 대해 부정적인 생각을 하고 있어서 후회하는 분들도 종종 보았습니다. 이제와 이혼을 하고 싶어도, 이혼 소송 변호사를 선임할 돈 몇 백 만 원이 없어서 못 한다는 분도 있었고요.

남편과 당장은 이혼하지 않기로 결정하고, 용서하겠다면 더 독하게 마음먹고 정서적 홀로서기를 준비하세요.

8. 이혼 후 연애

사연

저는 말이 하나도 안 통하는 남자와 살았어요. 아이들이 다
컸고 나이도 많이 먹었지만, 이제라도 이혼하고 나도 여자로
서 사랑받고 싶어요. 이혼하고 더 좋은 남자 만날 수 있을까
요?

카운슬링

평생 소통불능 남편과 살면 남자라면 징글징글할 것 같은데,
이혼하고 남편보다 좋은 남자를 만나고 싶은 생각이 있으시
군요. 오히려 새 남자로부터 지난 세월을 보상받고 싶은 심리
같아요. 이혼을 생각 중인 40대 분들도 상담의 끝에 여자로
서 사랑받고 싶어서, 이혼하면 연애를 하고 싶다고 말하시는
분들이 많이 있습니다.

그런데 이혼하기 전부터 새로운 남자 만날 생각을 하면 안 됩
니다. 오히려 이혼하고도 한 1~2년은 흐트러진 마음을 잡고
내 상처를 들여다보면서 나 자신을 보듬는 시간이 필요해요.
나와 자녀를 위해 내면을 치유하면서 무너진 성곽을 다시 세
우는 각오로 생활의 각을 잡아야 합니다.

새로운 사람과 사랑을 주고받는 느낌이 안정감이나 생활에

활력을 주기도 하지만, 이혼이라는 너무도 고통스럽고 힘든 과정을 겪은 사람은 아직은 이성적인 판단을 하지 못할 수도 있다는 것을 잊지 마세요.

이혼할 때는 남편의 잔상이 강하게 남아, 남편과 반대 성향을 가진 듯 보이는 남자에게 쉽게 끌리고, 그 점만 보고 홀린 듯이 빠져들기 쉽습니다. 오랜만에 새로운 남자와 데이트를 하다 보면 설렘과 떨림이 너무 큰 나머지 상대방에 대해 합리적인 사고를 할 수가 없고요. 그 남자에 대해 자세히 알지도 못하면서 '우리가 왜 이제야 만났을까' 하며 황홀감에 젖지요.

'아무도 만나지 말아야지' 각오했다가 정신을 차려보니 '아무나' 만나고 있을 수 있습니다. 내가 아직 치유가 되지 않았고 이혼의 상처가 미처 아물지도 않은 상태에서는, 이런 날 좋다고 하는 남자가 있다고 해도 오히려 경계해야 합니다.

내가 바로 서야 좋은 남자 보는 눈도 생기고 좋은 남자도 나를 알아볼 것입니다. 이혼 후 내가 어떤 사람인지를 치열하게 고민해야 내가 누구와 함께 있을 때 진정 행복한지를 알 수 있으니 조금만 더 시간을 가져 보세요.

이혼할 때 필요한 마음, 돈, 관계에 대한 기술

헤어질 결심부터 홀로서기까지

© 주세진 2023

인쇄일 2023년 8월 22일
발행일 2023년 8월 31일

지은이 주세진
펴낸이 유경민 노종한
책임편집 박지혜
기획편집 유노라이프 박지혜 구혜진 **유노북스** 이현정 함초원 조혜진 **유노책주** 김세민 이지윤
기획마케팅 1팀 우현권 이상운 **2팀** 정세림 유현재 정혜윤 김승혜
디자인 남다희 홍진기
기획관리 차은영
펴낸곳 유노콘텐츠그룹 주식회사
법인등록번호 110111-8138128
주소 서울시 마포구 월드컵로20길 5, 4층
전화 02-323-7763 **팩스** 02-323-7764 **이메일** info@uknowbooks.com

ISBN 979-11-91104-73-8(03190)